T0406149

Für Maria Angelina

PETER ZUMTHOR
1990–1997

Bauten und Projekte

Band 2

Herausgegeben von Thomas Durisch

Scheidegger & Spiess

Band 1   1985–1989

Und von innen nach aussen, bis alles stimmt

Atelier Zumthor, Haldenstein, Graubünden
Schutzbauten für Ausgrabung, Chur, Graubünden
Kapelle Sogn Benedetg, Sumvitg, Graubünden
Wohnsiedlung Spittelhof, Biel-Benken, Basel-Landschaft
Wohnhaus mit Ladengeschäft in der Altstadt von Zürich
Bergstation Rothornbahn, Valbella, Graubünden
Wohnungen für Betagte, Masans, Chur, Graubünden
Kunsthaus Bregenz, Österreich

Band 2   1990–1997

Wohnhaus Truog, Gugalun, Versam, Graubünden	7
Therme Vals, Graubünden	23
Topographie des Terrors, Berlin, Deutschland	57
Herz Jesu Kirche, München, Deutschland	81
Laban Centre for Movement and Dance, London, England	91
Klangkörper Schweiz, Expo 2000 Hannover, Deutschland	103
Wohnhaus Luzi, Jenaz, Graubünden	123
Kolumba Kunstmuseum, Köln, Deutschland	145

Band 3   1998–2001

Poetische Landschaft, Bad Salzuflen, Deutschland
Haus Zumthor, Haldenstein, Graubünden
Berghotel Tschlin, Graubünden
I Ching Gallery, Dia Center for the Arts, Beacon, New York, USA
Harjunkulma Apartment Building, Jyväskylä, Finnland
Pingus Winery, Valbuena de Duero, Spanien
Feldkapelle Bruder Klaus, Wachendorf, Deutschland
Erweiterungsbauten Pension Briol, Barbian-Dreikirchen, Italien

Band 4   2002–2007

Galerie Bastian, Berlin, Deutschland
Redevelopment of De Meelfabriek, Leiden, Holland
Sommerrestaurant Insel Ufnau, Zürichsee
Ausbildungszentrum Gut Aabach, Risch, Zug
Zinkminenmuseum Almannajuvet, Sauda, Norwegen
Wohnüberbauung Güterareal, Luzern
Zimmerturm Therme Vals, Graubünden
Oberhus und Unterhus, Leis, Vals, Graubünden
Hisham's Palace, Jericho, Palästinensische Autonomiegebiete
Steilneset Memorial, Vardø, Norwegen

Band 5   2008–2013

Nomads of Atacama Hotel, San Pedro de Atacama, Chile
Werkraumhaus Bregenzerwald, Andelsbuch, Österreich
Chivelstone House, Devon, England
Los Angeles County Museum of Art, LACMA, Kalifornien, USA
Neues Stadttor, Isny im Allgäu, Deutschland
Theatereinbau Burg Riom Origen, Riom, Graubünden
House of Seven Gardens, Doha, Katar
Serpentine Gallery Pavilion, London, England
Perm State Art Gallery, Perm, Russland

Werkverzeichnis 1968–2013
Texte von Peter Zumthor
Biografie
Mitarbeitende 1985–2013
Die Arbeit von vielen
Dank
Bildnachweis

Wohnhaus Truog, Gugalun, Versam, Graubünden
1990–1994

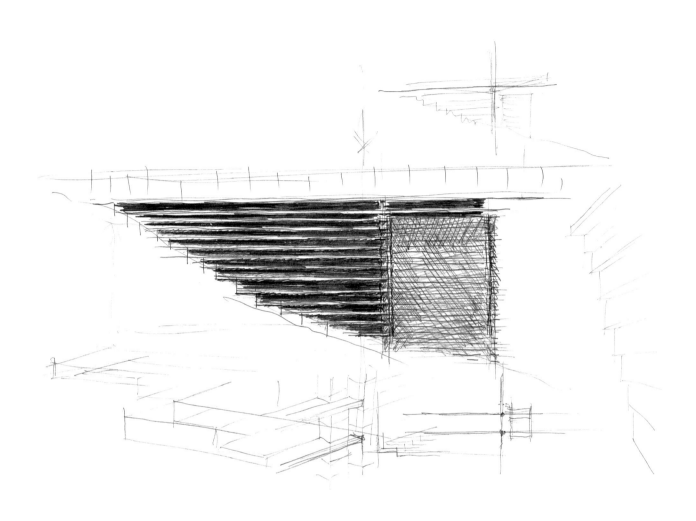

Unser Thema war Alt und Neu. Ein einfaches altes Bauernhaus aus dem 17. Jahrhundert, das, wie sein Name «Gugalun» sagt, nach Norden blickt, erhielt einen neuen Hausteil mit Bad, Küche, Heizung und zwei Schlafkammern, eine Modernisierung, die für das Weiterleben der bescheidenen, alten Hofstatt wichtig war. Ein neues Dach schützt und verbindet Alt und Neu.

Die Wände des neuen Hausteils auf der Bergseite bestehen aus wärmegedämmten Hohlkastenbalken, die wir für diese Aufgabe entwickelten. Die Konstruktion erlaubte es uns, die Nahtstelle zwischen dem historischen Bestand und dem Ausbau präzise auszubilden und mit dem abgetreppten Betonsockel konstruktiv logisch auf den ansteigenden Hang zu reagieren.

Die Raumstimmungen im Innern des Hauses sind intim und bescheiden, aber atmosphärisch dicht. In der Mitte des neuen Hausteils konstruierten wir als Teil der Tragstruktur einen Monolithen aus dunkel glänzendem Beton, in dem wir Hohlräume aussparten. Im Winter strömt durch diese Hohlräume warme Luft, die im eingebauten Holzofen der Küche erzeugt wird. Der alte Hausteil mit seiner kleinen Stube, der Nebenstube und den Schlafkammern mit ihren winzigen Fenstern aus alter Zeit hat sein Geheimnis bewahrt.

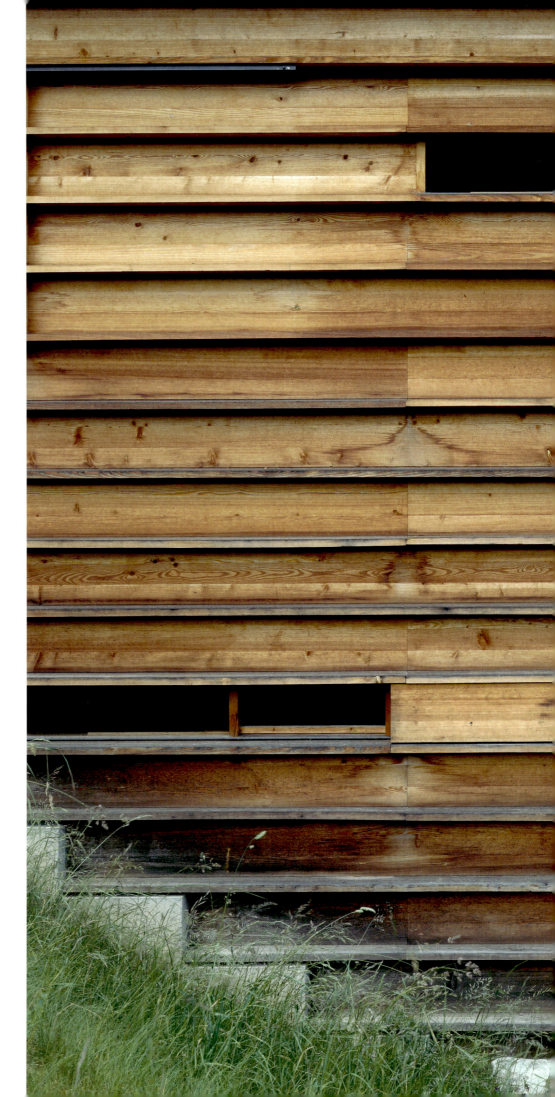

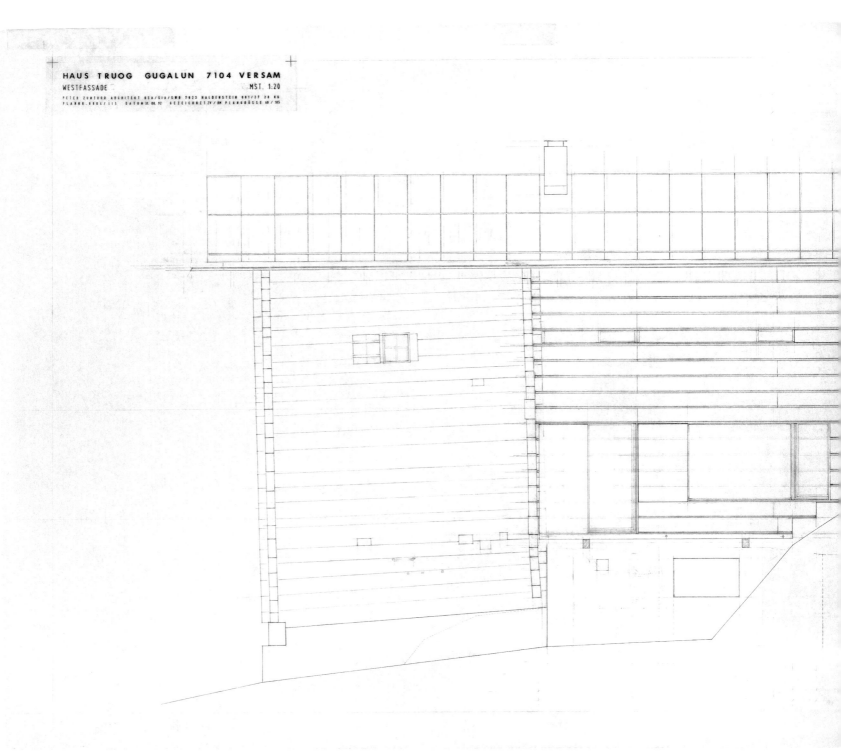

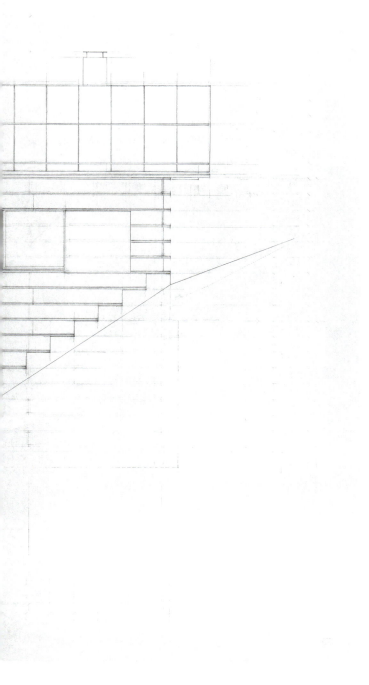

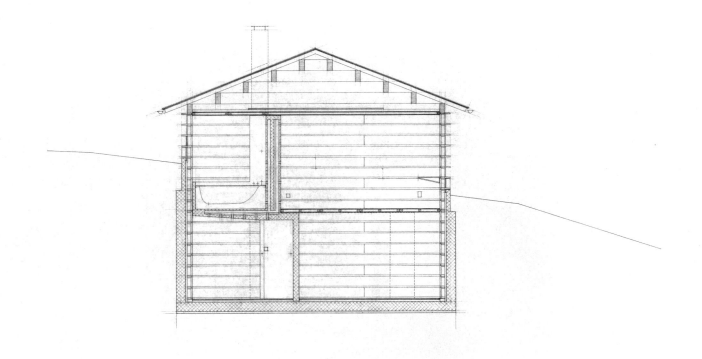
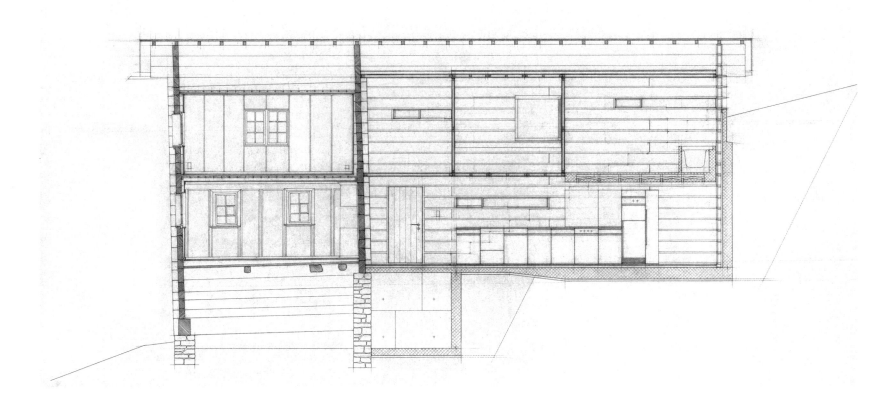

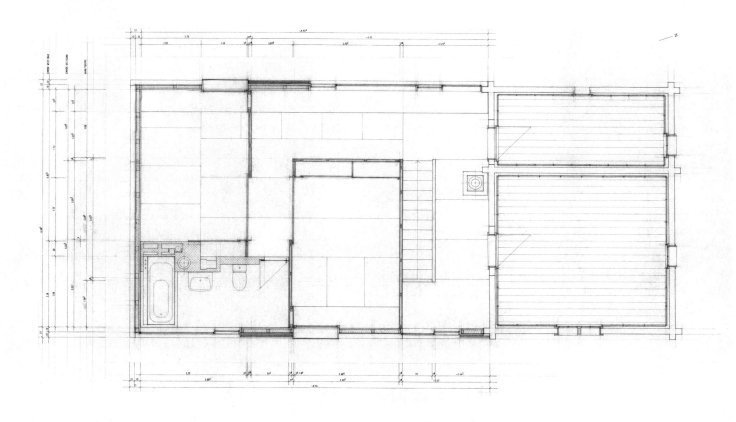
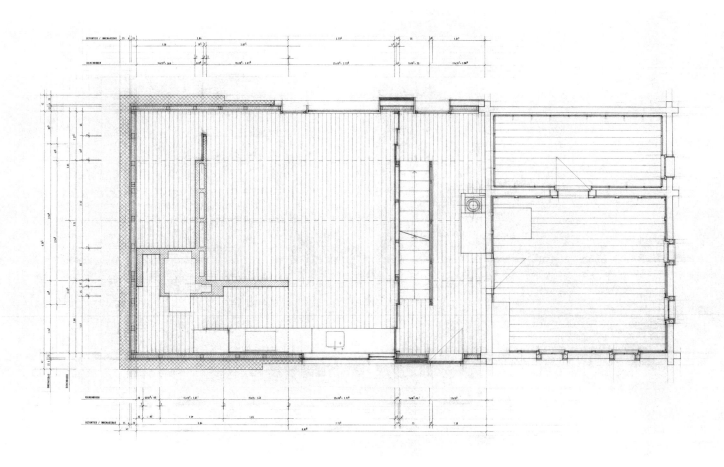

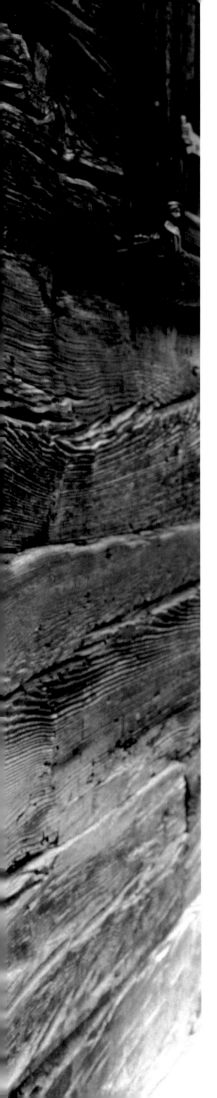

Therme Vals, Graubünden
1990–1996

Stein und Wasser, das ist eine Liebesbeziehung. Irgendwann im Verlaufe des Entwurfsprozesses war es nicht mehr schwierig, diese zwei primären Materialien als sich gegenseitig aufladende Energien zu begreifen und darauf zu vertrauen, dass wir mit diesem Paar fast alles gestalten und ausdrücken können, was unser Thermalbad in den Bergen zu verlangen schien.

Die Steine der Therme stammen aus dem lokalen Valser Steinbruch, der ein paar hundert Meter weiter hinten im Tal liegt. Wir schnitten den biegsamen, quarzhaltigen Stein zu langen Platten von geringer Höhe und schichteten diese zu grossen monolithischen Quadern auf. In einem frühen Entwurfsbild stehen grosse Steinblöcke im Wasser wie in einem überfluteten Steinbruch.

Steine sind in Vals allgegenwärtig, die Präsenz des Wassers ist stark. Neunundzwanzig Grad warmes Thermalwasser tritt gleich hinter dem neuen Thermalbad aus dem Hang. Dort wird es gefasst und in die verschiedenen Becken des Bades geleitet, einmal auf zweiundvierzig Grad aufgewärmt, manchmal unter Zugabe von Frischwasser gekühlt oder im Dampfbad verdampft. Man erlebt das Wasser in verschiedenen Temperaturen und räumlichen Situationen, im Hellen, Dunklen und im Zwielicht, und man steht im Schatten und blickt in die Helle, in die Landschaft, die farbig aufleuchtet. Sonnenlicht sickert ein durch die schmalen Schlitze, durch die Fugen, die wir zwischen den Deckenplatten frei gelassen haben; Tageslicht und Landschaftsbilder fluten riesige Fenster, Stein und Wasserflächen modellierend, im wechselnden Licht der Tage und Jahreszeiten.

Was sich jetzt so leicht beschreiben lässt, als sei es die natürlichste Sache der Welt gewesen, ein Thermalbad so zu denken und zu gestalten, ist in Wirklichkeit das Produkt einer langen Arbeit. Das erste Thermalbad, das wir als Teil eines Hotelneubaus im Rahmen eines Projektwettbewerbes für Vals in den späten achtziger Jahren entworfen hatten, war ein Hallenbad im Stil der klassischen Moderne im Bauch des neuen Hotels, das wir damals vorschlugen. Später erst begannen wir, den Ort Vals neu zu sehen, plötzlich sahen wir die Topografie, den Fels, die Steine, das Wasser. Dabei verflüchtigten sich unsere architektonischen Vorbilder immer mehr. Aber noch arbeiteten wir mit zwei oder drei verschiedenen Steinen und einer Palette von zusätzlichen Materialien und Farben, um dann zu guter Letzt nur noch auf einen Stein zu setzen: den einheimischen Valser Gneis. Wir fassten Vertrauen in die örtlichen Befunde, die lokalen Energien, und auf einmal war das Gefühl da, etwas Vorzeitliches zu schaffen, und wir entdeckten, dass wir, ohne es zu wollen, bei den klassischen römischen und orientalischen Badekulturen angekommen waren, bei den Freuden und Ritualen der Reinigung des Körpers im Wasser. Das Sportbad, das Vergnügungsbad mit seinen Rutschen und künstlichen Sprudeln, das damals noch überall gebaut wurde, war in weite Ferne gerückt.

Das Bergdorf Vals, Eigentümer von Bad und Hotel, war unser Auftraggeber. Dass die kleine Gemeinde ein Bauwerk dieser Grössenordnung in Auftrag geben konnte, verdankt sie den Einnahmen in der Form von Wasserzinsen, die der Zervreilastausee, in den fünfziger Jahren weiter hinten im Tal zur Stromgewinnung gebaut, für die Gemeinde generiert. Dass wir mit Männern aus dem Dorf in einer Zusammenarbeit, die sich über mehrere Jahre erstreckte, ein Bauwerk jenseits gängiger Vorbilder und standardisierter Details erfinden und bauen konnten, betrachte ich heute als historischen Glücksfall. Die Zusammenarbeit war geprägt von viel gesundem Menschenverstand, Selbstvertrauen und Enthusiasmus. Externe Marketingberater erblickten darin auch immer wieder einmal eine gefährliche Naivität und prophezeiten Unheil. Doch kaum war sie fertig, wurde die Therme von vielen geliebt und wirtschaftlich erfolgreich. Das neue Thermalbad nicht auf ein risikoarmes Mainstream-Konzept ausrichten zu müssen, wie es von den am Markt orientierten Projektentwicklern vorgeschlagen wurde, sondern aus dem Ort heraus neu erfinden zu können, hat architektonische Einmaligkeit ermöglicht.

Das Regelwerk, das wir für die Gestaltung und Konstruktion der Therme entwickelten, habe ich im Buch *Therme Vals* (Zürich 2007) ausführlich beschrieben. Lustvolle Bilder des körperlichen Erlebens von Stein und Wasser im Schatten und Licht, übersetzt in Geometrie, Raum und Konstruktion, haben unsere Arbeit beflügelt. Das Entwerfen von innen nach aussen stand im Zentrum. Wir träumten von einem Kaleidoskop von Raumfolgen, die man auf immer neue Weise erlebt – schlendernd, neugierig, staunend, überrascht. Wie Gehen im Wald ohne Pfad. Ein Gefühl von Freiheit, die Lust des Entdeckens.

Das Prinzip der an wenigen Stellen eng geführten und dann in grossen Bereichen des Grundrisses frei gelassenen Bewegung der Menschen im Innern eines Gebäudes habe ich bei der Arbeit an der Therme Vals entdeckt und später immer wieder verwendet. Beim Schweizer Pavillon für die Expo 2000 in Hannover stand das freie Schlendern der Besucherinnen und Besucher durch die architektonische Struktur des Pavillons im Zentrum des Raumerlebnisses.

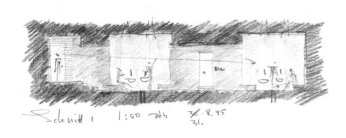

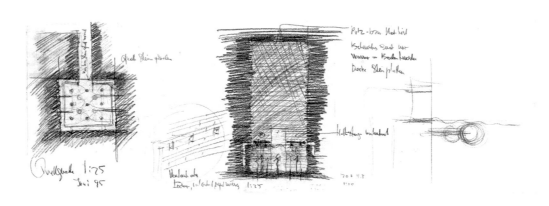

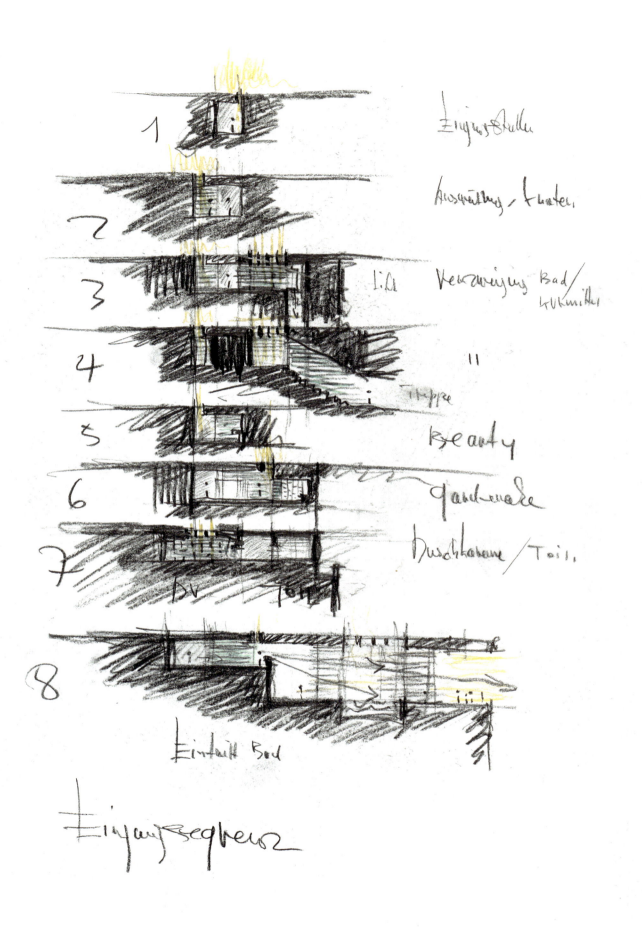

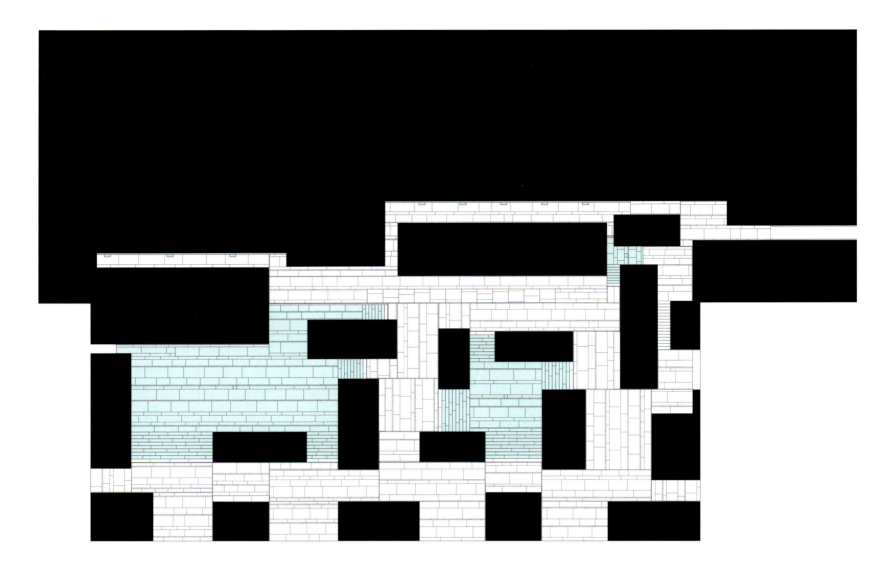
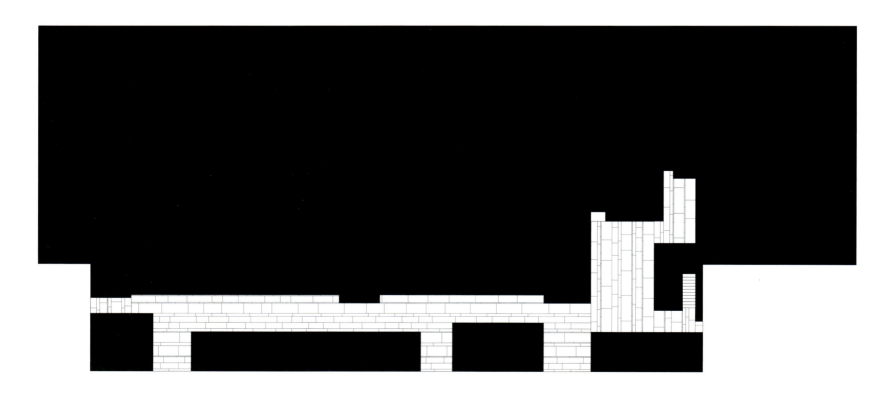

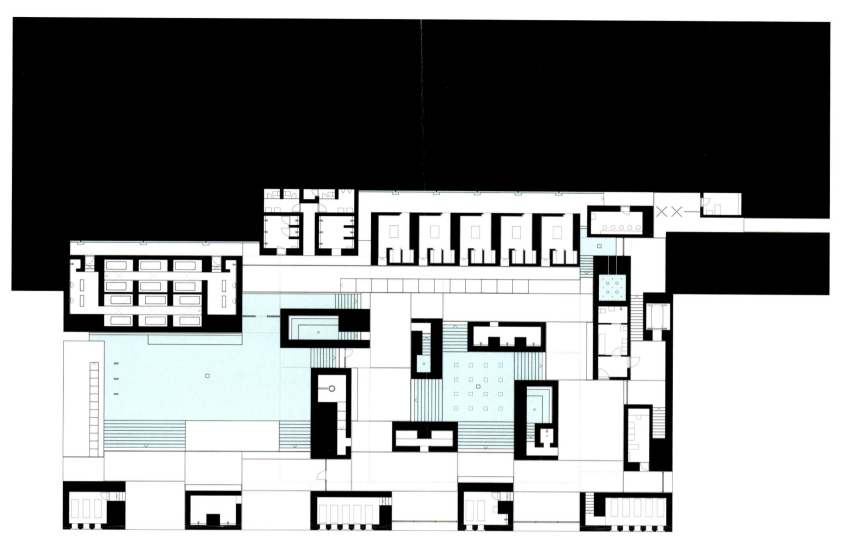

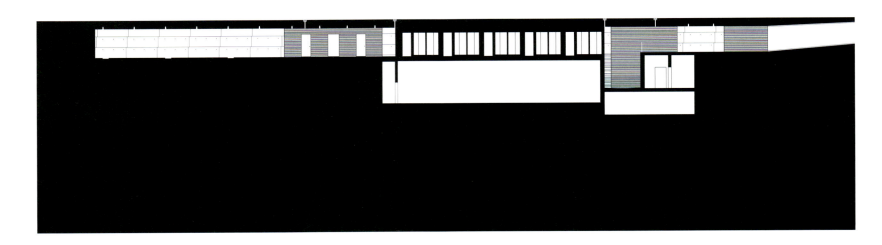
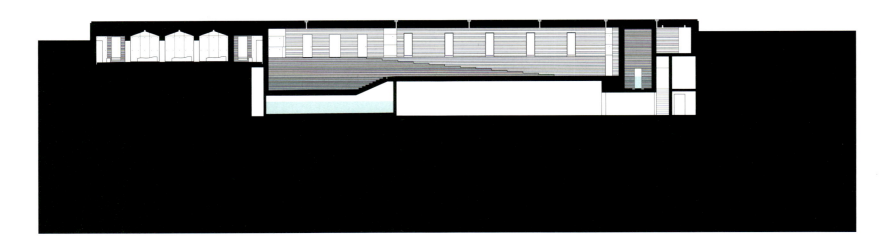

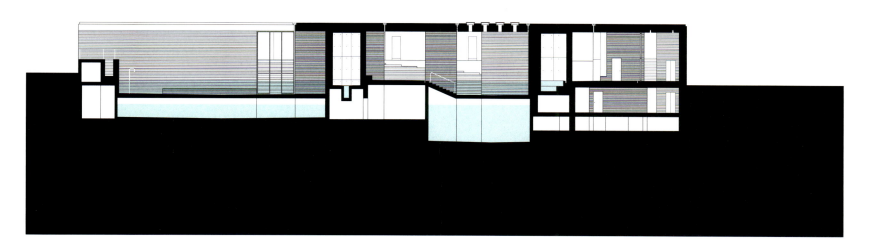

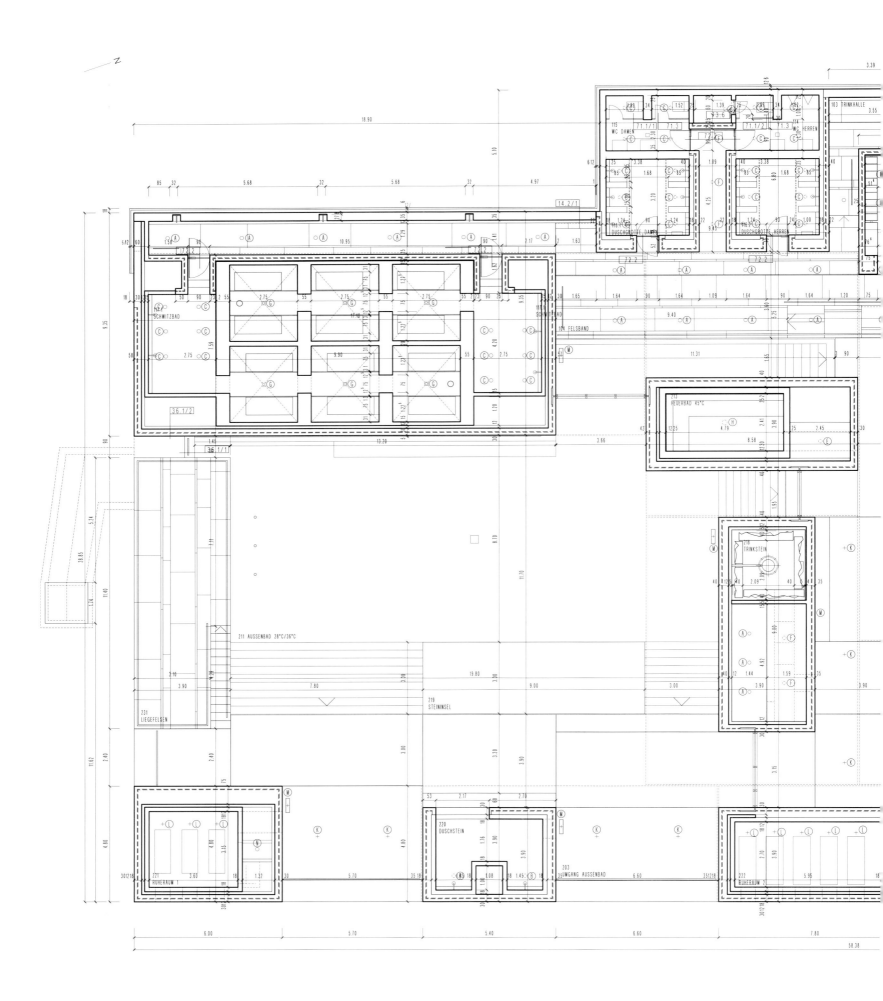

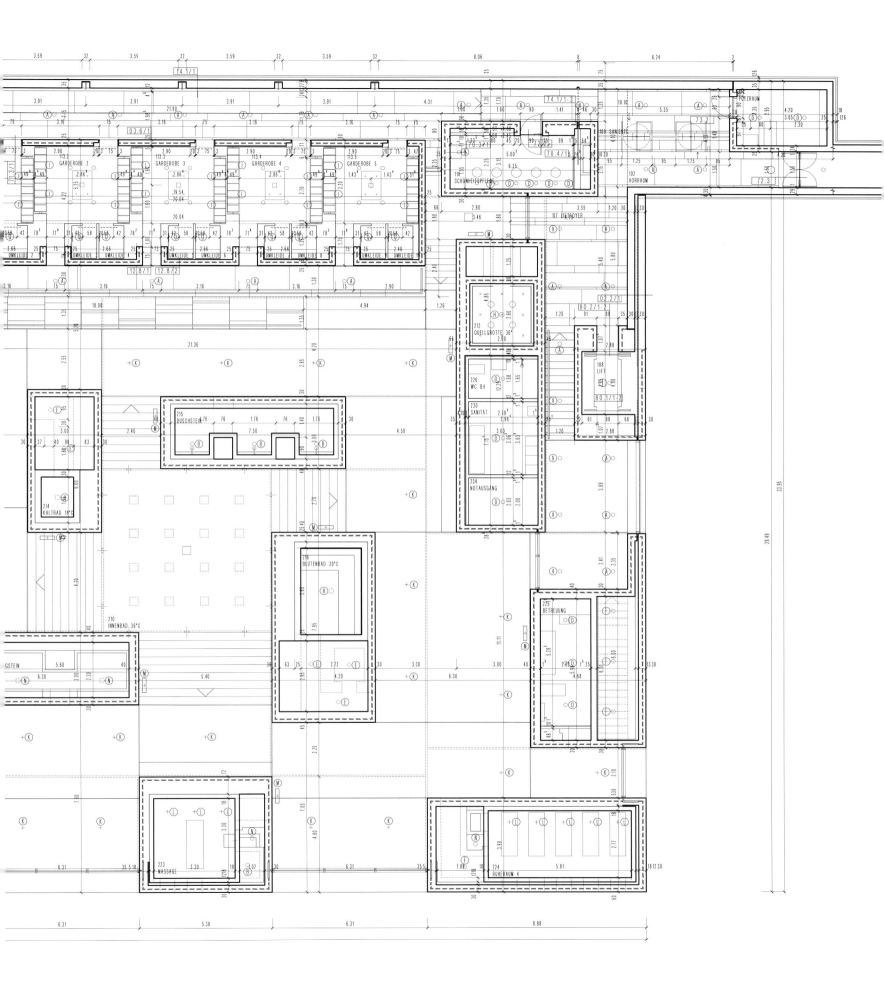

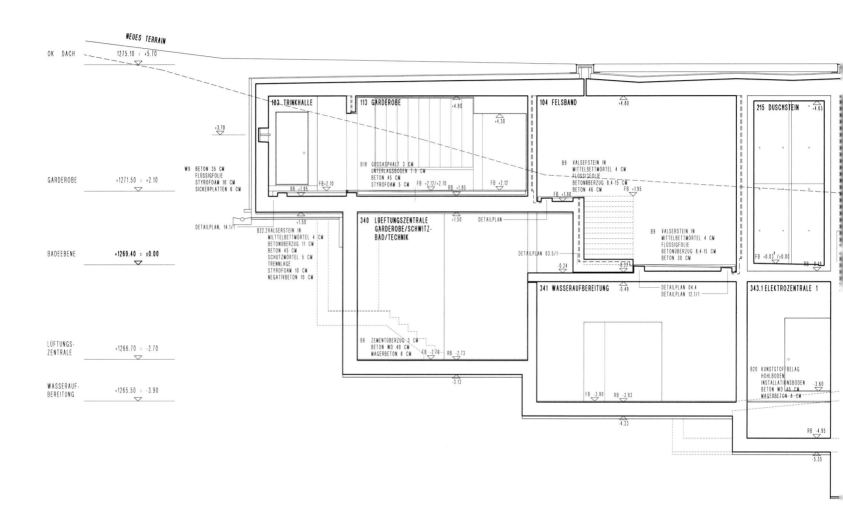

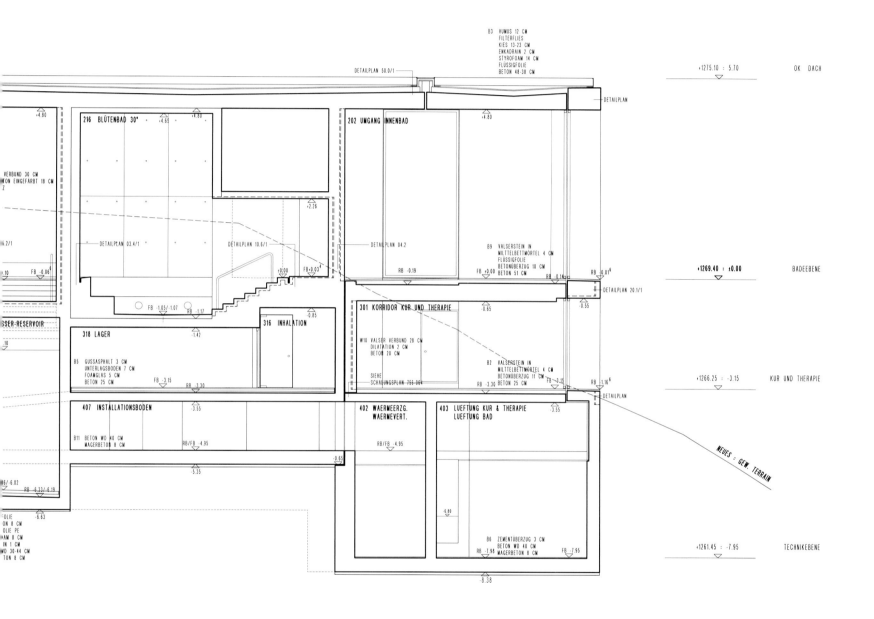

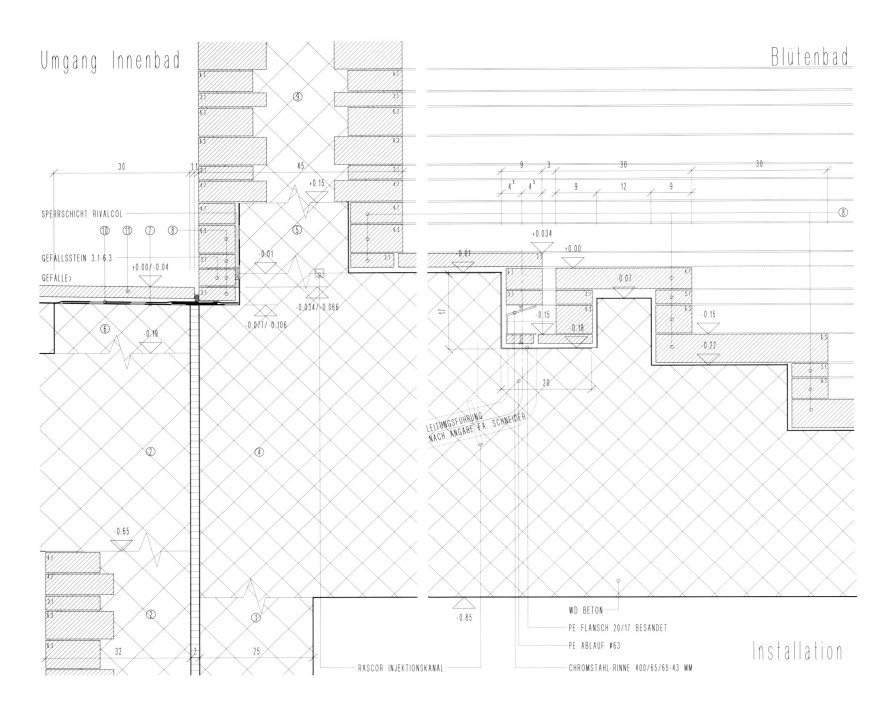

+5.43

Schicht	Label	Typ 1	Typ 2
97		1.1	2.2.1
94	STURZ BAD +4.803	1.3.2	2.2.2
91	STURZ SCHACHTENTL. +4.603	1.3.1	2.3.2
88	FENSTERBR. FASS. NORD +4.35 / BR. SCHACHTENTL. +4.20	1.2.1	2.2.1
85	TÜRSTURZ GARD. +4.303 / TÜRSTURZ LIFT/SCHH. +4.353	1.1	2.2.1
82	TÜRSTURZ EINGANGSE. +4.203	1.3.2	2.1
79	TÜRSTURZ SCHWITZB. +4.053	1.3.1	2.3.2
76		1.3.2	2.3.1
73		1.1	2.1
70		1.3.1	2.3.2
67		1.2.1	2.2.2
64		1.1	2.3.1
61		1.3.2	2.2.2
58		1.2.2	2.1
55		1.2.1	2.3.2
52		1.3.2	2.2.2
49		1.3.2	2.3.2
46	FB LIFTFOYER +2.25 / FB TRINKHALLE +2.10	1.2.2	2.1
43	TÜRST. BADEEBENE +2.253 / FB FELSBAND/LIEGEF. +1.95	1.1	2.2.2
40	TÜRSTURZ LIFT +2.053	1.3.1	2.2.1
37		1.1	2.3.1
34		1.3.2	2.3.2
31		1.3.1	2.2.2
28		1.2.1	2.3.1
25		1.2.2	2.1
22		1.3.2	2.2.2
19		1.1	2.3.1
16		1.2.2	2.1
13	TÜRSTURZ RUHEGROTTE +0.753	1.2.1	2.1
10		1.1	2.2.2
7	FB STEININSEL +0.234	1.3.2	2.3.2
4		1.3.1	2.2.1
1	FB BADEEBENE +/-0.00	1.2.2	2.2.2/2.3.2
-3		1.3.2	2.3.1
58		1.2.1	2.1
55		1.2.1	2.3.1
52		1.3.1	2.2.1
49	STURZ K.+T. -0.547	1.3.2	2.1
46	TREPPENSTURZ K.+T. -0.747	1.3.1	2.2.2
43	TÜRSTURZ FLUCHTT. -0.897	1.2.1	2.2.1
40	TÜRSTURZ LIFT -1.097 / TÜRST. K.+T. / FENSTERST. MASS. -1.047	1.1	2.2.2
37		1.3.1	2.1
34		1.2.2	2.3.2
31		1.3.2	2.1
28		1.1	2.2.1
25		1.3.1	2.2.2
22		1.2.2	2.3.1
19		1.3.1	2.1
16		1.1	2.3.2
13		1.3.2	2.2.2
10		1.2.2	2.3.2
7		1.3.1	2.1
4	FB K.+T. -3.15	1.2.1	2.2.1
1		1.2.2/1.1	2.1/2.2.1
-3		1.3.1	2.2.2
-6		1.1	2.3.2
-9		1.2.1	2.1
-12		1.3.2	2.1
-15		1.1	2.3.1
-18		1.3.2	2.2.2
-21	FASSADENABSATZ -4.20	1.2.2	2.3.1

SCHICHTENFOLGE (GANZES BAD)
SCHICHT NR.

STEINTYPEN (IM ECKVERBAND)

11 / 18 / 25 / 37ᵇ / 50 / 62ᵇ / 75

Topographie des Terrors, Internationales Ausstellungs- und
Dokumentationszentrum, Berlin, Deutschland
1993–2004

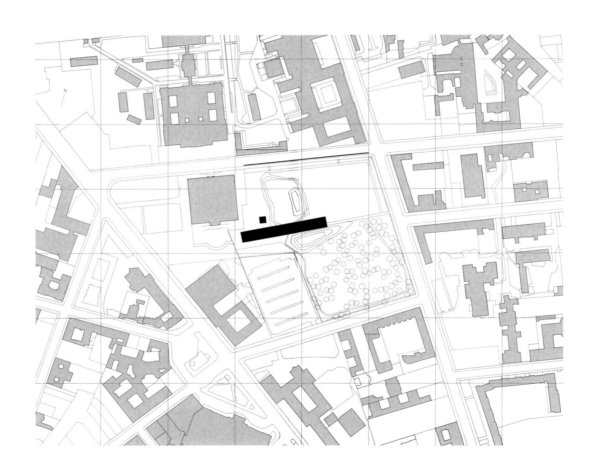

Das Internationale Ausstellungs- und Dokumentationszentrum Topographie des Terrors in Berlin sollte ein Gebäude sein, für das es keine Vorbilder gibt. Wir haben es entworfen, um am Ort des ehemaligen Gestapo-Hauptquartiers, des Geheimen Staatspolizeiamtes, der SS-Führung, des Sicherheitsdienstes der SS und des Reichssicherheitshauptamtes an der damaligen Prinz-Albrecht-Strasse, heute Niederkirchnerstrasse, an die dort geplanten und begangenen Verbrechen zu erinnern.

Unser Entwurf versucht, das historische Gelände sprechen zu lassen und die wenigen Überreste der von den Nationalsozialisten benutzten Bauten und Anlagen, die der nach dem Krieg angeordneten Tiefenenttrümmerung des Grundstücks entgingen, zu erhalten und zu zeigen. Am Anfang unserer Entwurfsarbeit stand das Gefühl, dass es für ein Gebäude an diesem Ort, an dem Verbrechen an der Menschheit geplant und begangen wurden, im Grunde keine Form geben kann, zumindest keine schon bekannte. So suchten wir eine neue Form und erfanden das Stabwerk, ein Gebäude, das reine Konstruktion sein will und darin an kein anderes Gebäude erinnert.

Das Stabwerk besteht aus Betonstäben, die kreuzweise übereinandergelegt und in den Kreuzungspunkten miteinander verbunden werden, dadurch entstehen steife Rahmen, sogenannte Vierendeelträger. Mit der systematischen Aneinanderreihung der Rahmen, deren Form variiert wird, entstehen die unterschiedlichen Räume des Gebäudes. Alles ist Statik, Konstruktion, Struktur. Die Zwischenräume zwischen den Stäben sind verglast. Das Gebäude steht leicht und durchlässig auf dem Gelände. Alles ist transparent.

Unser Stabwerkgebäude sollte nichts symbolisieren. Es sollte sich selber sein, eine transparente Hülle, nichts verbergend, und so einen Beitrag dazu leisten, ein wichtiges Gelände der nationalsozialistischen Geschichte, das schon mehr als halbwegs zugeschüttet und zivilisiert worden war, offen zu halten. Wir wollten das öde Freigelände, auf dem nur noch zwei Trümmerhügel und wenige Überreste an die schreckliche Vergangenheit erinnerten, nicht verändern und so den Ort in seiner Nachkriegspräsenz sprechen lassen. Auf dem Gelände, zu ebener Erde, wollten wir deshalb nur die unmittelbar zum Ort gehörenden historischen Dokumente zeigen, unkommentiert. Das galt auch für das Erdgeschoss des Neubaus, konzipiert als durchsichtige Hülle für die von den Nationalsozialisten benutzten Küchenkeller, und den daran anschliessenden Ausstellungsraum, denn wir verstanden diesen Raum zu ebener Erde als Teil des Geländes. Den historischen Verortungen und Dokumentationen, der ortsspezifischen Geschichtsschreibung, der Didaktik, Aufklärung und Information widmeten wir die zwei oberen Geschosse des Neubaus.

Für diesen Umgang mit dem Ort fanden wir in Berlin wenig Verständnis. Zu Baubeginn wurden die zwei Trümmerhügel, die mit dem langgestreckten Baukörper unseres Entwurfes die zentrale Grundfigur bildeten, ohne unser Wissen abgetragen. Die Benutzer unseres Gebäudes, die Historiker der Stiftung Topographie des Terrors, hielten nichts von unserem Konzept, Fakten und Kommentare auseinanderzuhalten, zunächst den Ort sprechen zu lassen und die historische Aufarbeitung auf die oberen Geschosse des Gebäudes zu konzentrieren.

Unmittelbar nach dem Wettbewerb von 1993 wurden diese und andere Einwände gegen unser Projekt vorgebracht. So gab es auch eine Gruppe von Erinnerungstheoretikern, die dem Neubau eine lediglich dienende Rolle zugemessen haben wollte und sich deshalb, auf Robert Venturis Begriff des «dekorierten Schuppens» anspielend, ein Gebäude in der Form eines «undekorierten Schuppens» wünschte. Schon bald stellte sich auch heraus, dass die Berliner Bauverwaltung für die gewünschte Grösse des Gebäudes viel zu wenig Mittel budgetiert hatte. Die allgemeinen finanziellen Probleme rund um das Projekt verschärften sich, als das Land Berlin wegen einer Kassensperre vorübergehend die Arbeit der am Projekt beteiligten Planer nicht mehr bezahlen konnte.

Später wurden die Rohbauarbeiten ausgeschrieben und an eine Berliner Baufirma vergeben, die nicht in der Lage war, die Arbeit auszuführen. Sie hatte den Zuschlag unter dem Konkurrenzdruck der Ausschreibung und Kostendruck der Berliner Bauverwaltung erhalten und sah sich schon bald einmal ausser Stande, das Stabwerk zum angebotenen Preis zu bauen. Sie hatte die qualitativen Ansprüche an die Stabwerkkonstruktion, die wir in unserer Ausschreibung formuliert hatten, nicht für bare Münze genommen. Von nun an wurde die Stabwerkkonstruktion in der Öffentlichkeit schlechtgeredet und als nicht baubar dargestellt. Im Jahre 2004 wurde das konstruktiv durchdachte und bereits angefangene Gebäude kurz vor der Wiederaufnahme der Bauarbeiten, die von der Berliner Bauverwaltung geplant war, aufgegeben. Die Projektleitung der Berliner Bauverwaltung, die für das Gebäude bei den Verantwortlichen des Landes einige Zeit vorher ein neues, knapp auskömmliches Budget erwirkt hatte, wurde von diesem Entscheid überrascht, und wir Architekten ebenso. Der Beschluss, das Gebäude nicht fertig zu bauen, erfolgte auf politischer Ebene auf Betreiben des Bundes. Die sieben Jahre zuvor erstellten Fundamente, Kellerräume und Treppentürme wurden abgerissen, der bereitstehende Montagewagen wurde abgebaut.

Wir hatten vorgesehen, die Betonstäbe in horizontal verlaufenden Arbeitsetappen mit einem Montagewagen zum Stabwerk zusammenzufügen.

Ein querschnittsgrosser Kranwagen auf Schienen sollte die senkrechten und waagrechten Stäbe Reihe für Reihe in die richtige Position bringen, damit man sie in den Knotenpunkten auf Stahlstangen «auffädeln» konnte. Am Ende dieses Montagevorganges – alle Stäbe sind aneinandergefügt und provisorisch gehalten – war vorgesehen, die längs durch alle Knotenpunkte verlaufenden Stahlkabel zu spannen und die Knoten anschliessend zu vergiessen. Dafür hatte unser Bauingenieur Jürg Buchli einen besonderen Vergussknoten entwickelt, in den ein Metallstern einzulegen war. Die Leistungsfähigkeit der Stäbe und Knoten hatten wir an Musterstäben und Musterknoten im Massstab eins zu eins getestet.

Mit der Idee, ein Gebäude aus immer gleichen Stäben zu errichten, es nach dem Prinzip von Stab-Lücke-Stab zusammenzusetzen, es nicht von unten nach oben, sondern linear wie einen Tunnel zu bauen, gingen wir an die Grenzen der Konventionen des Konstruierens und Bauens – und an die Grenzen des damals in Berlin Machbaren.

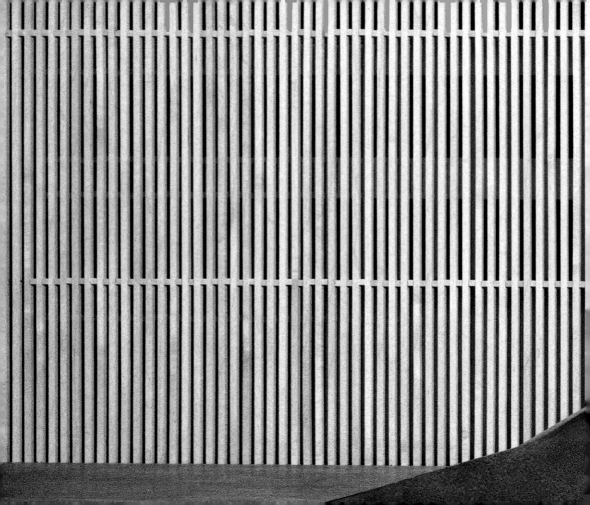

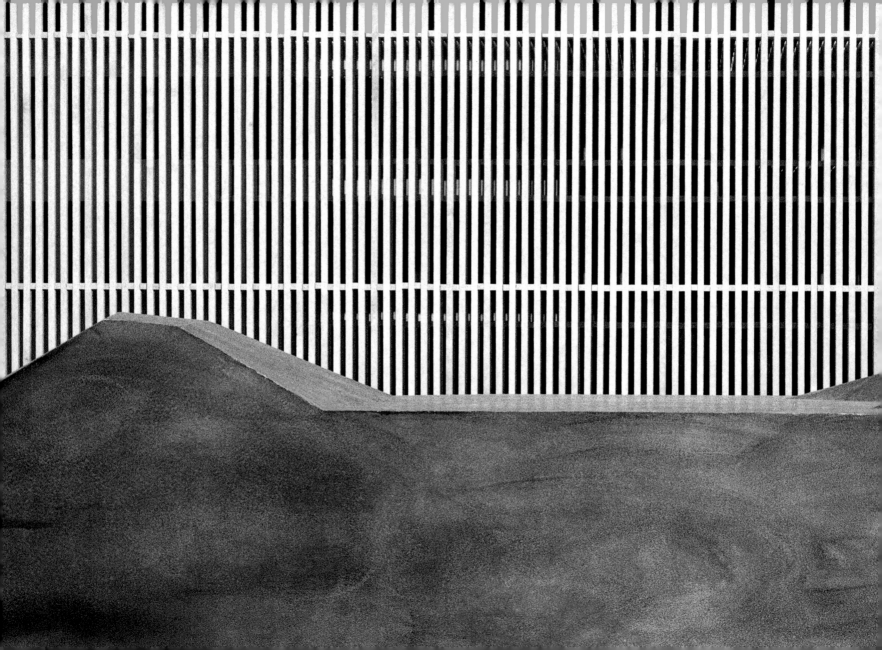

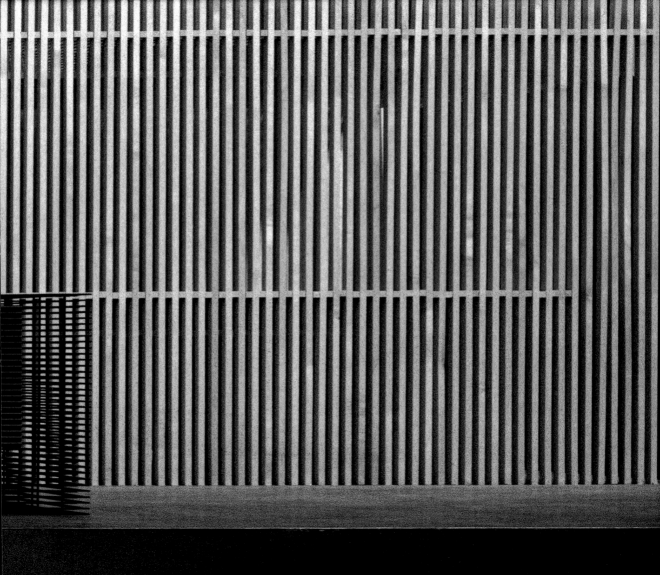

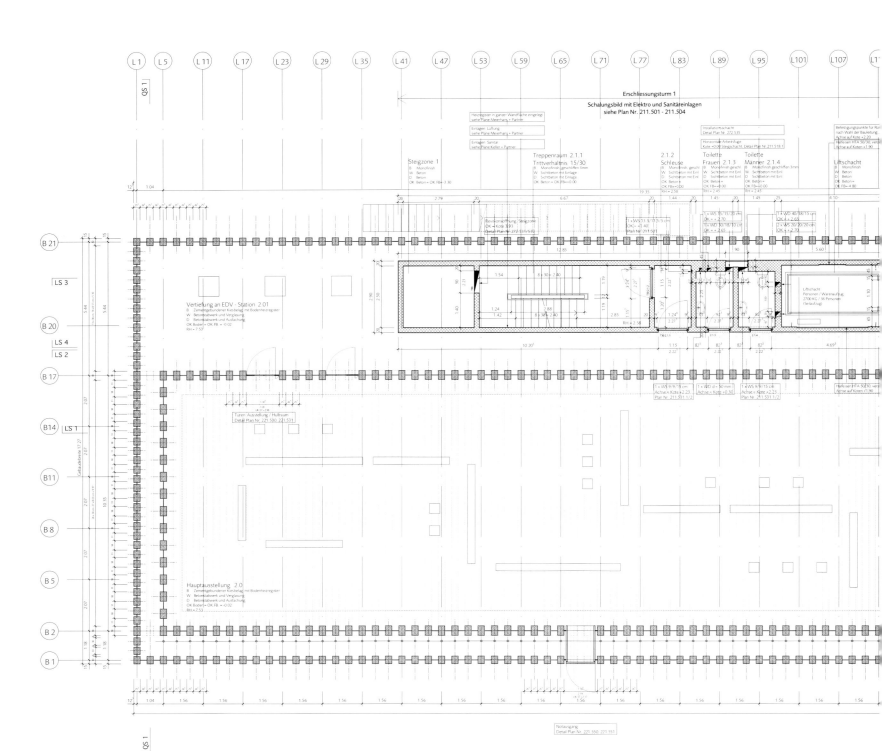

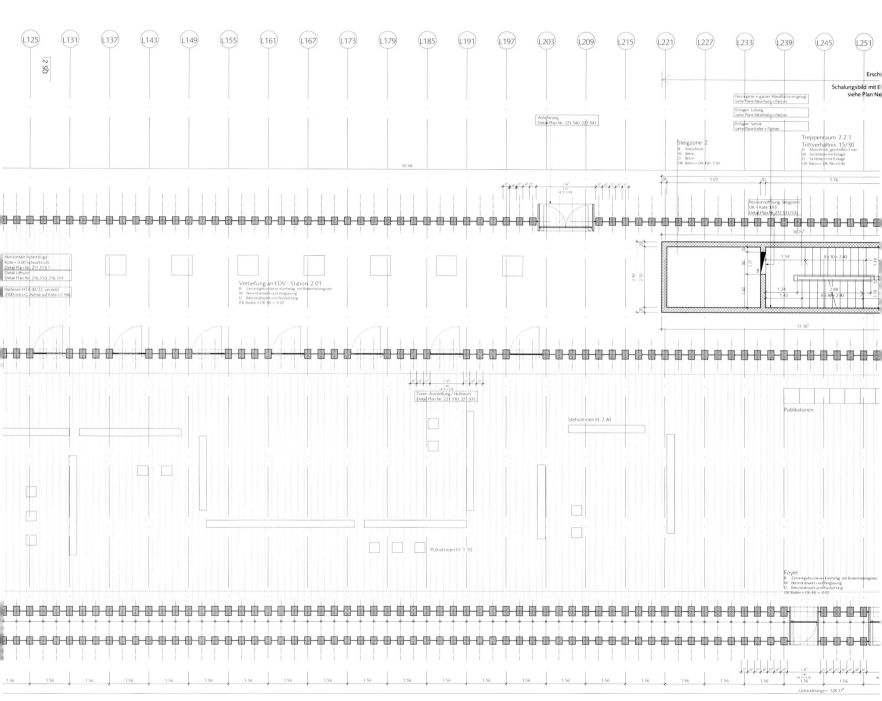

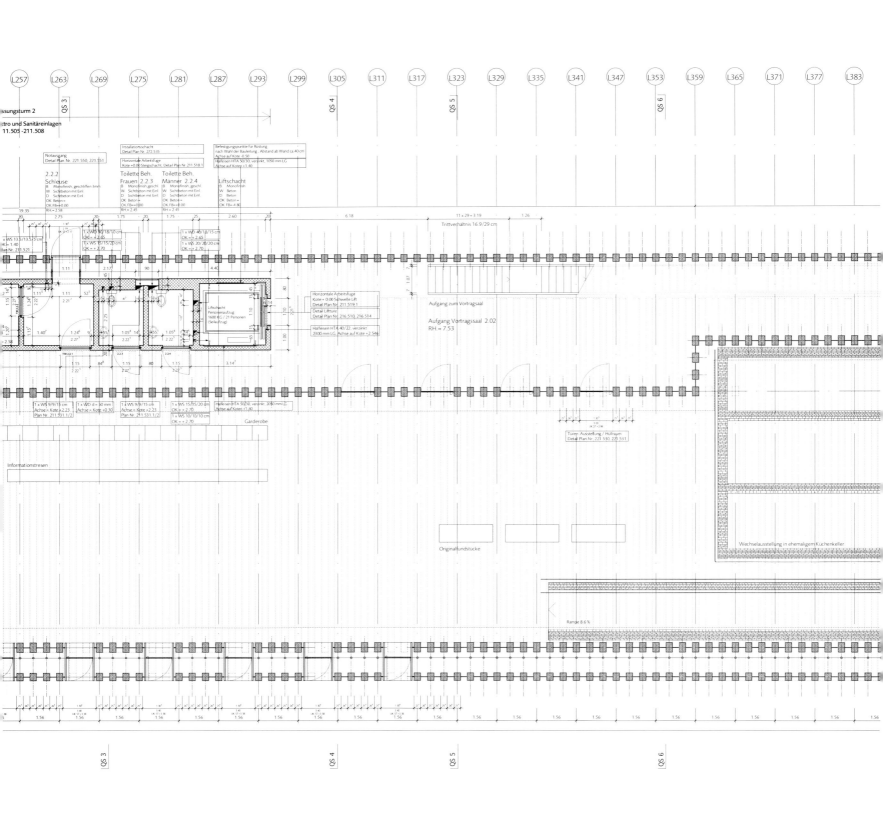

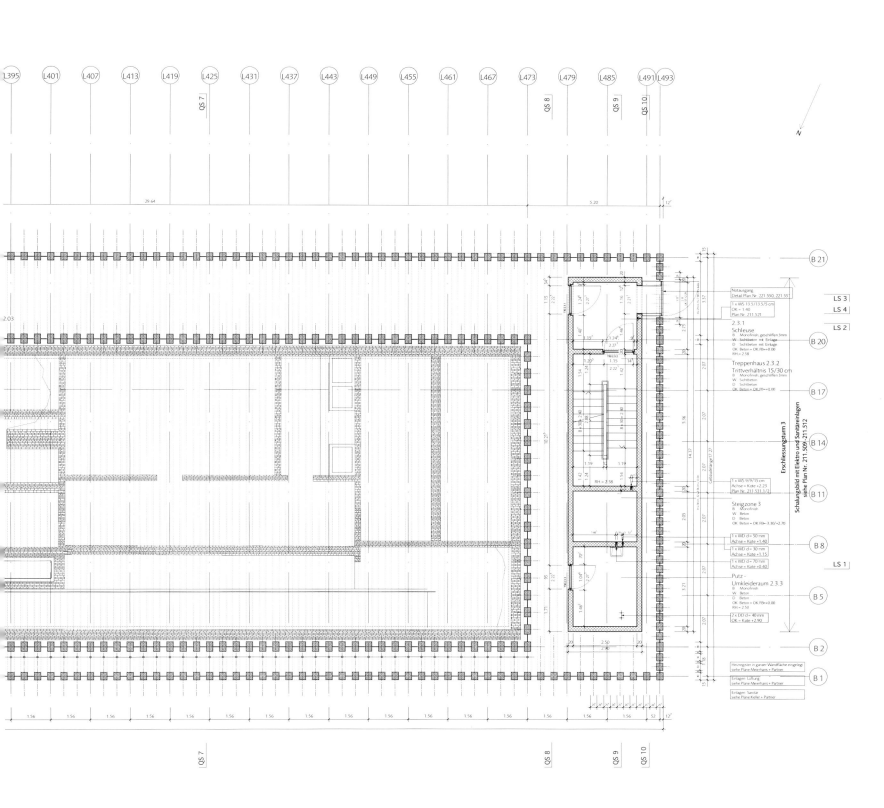

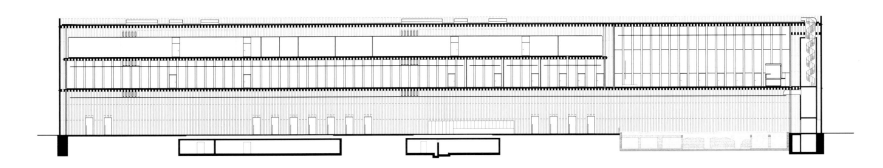

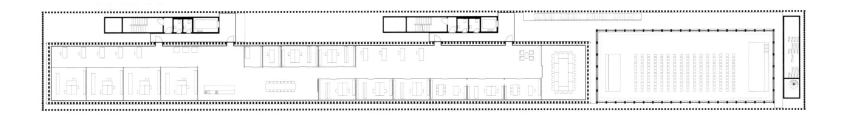

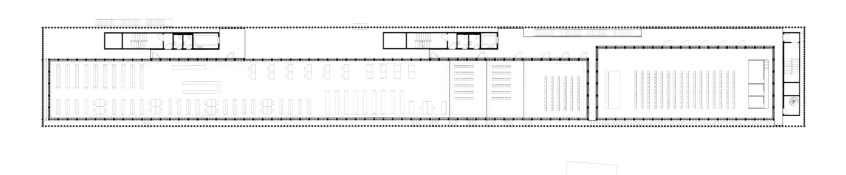

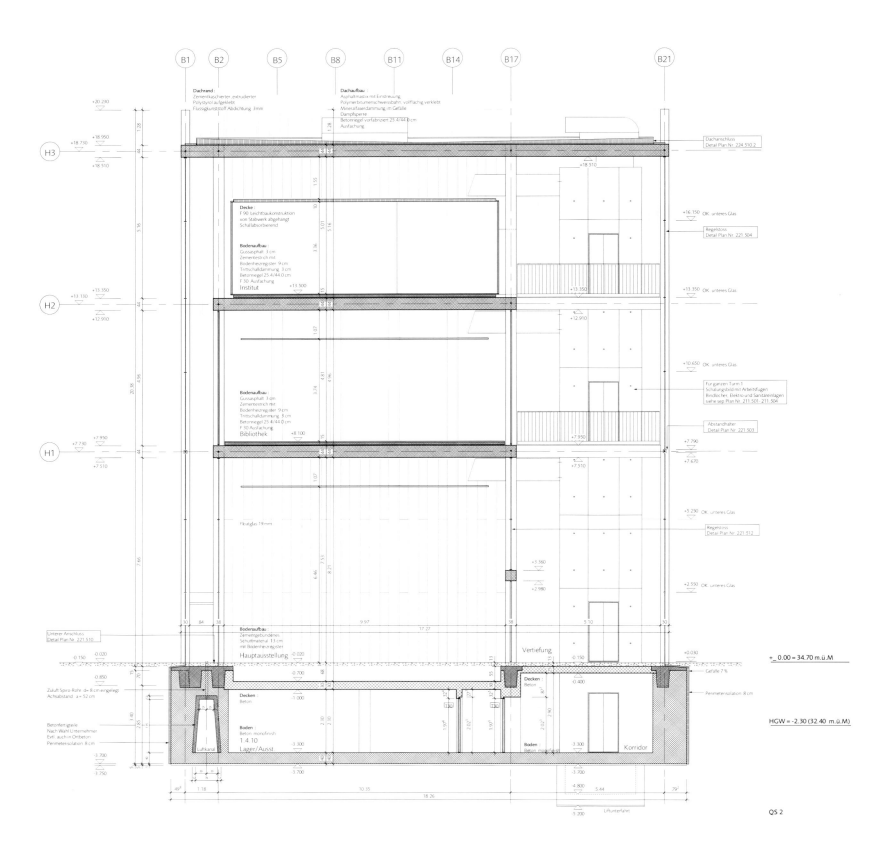

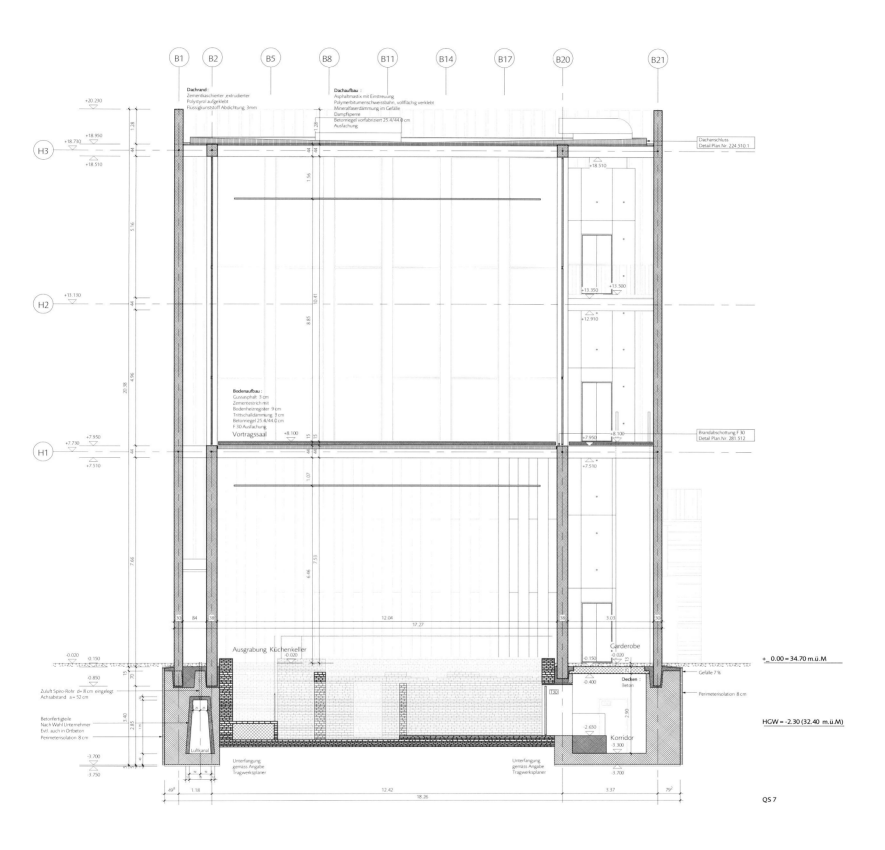

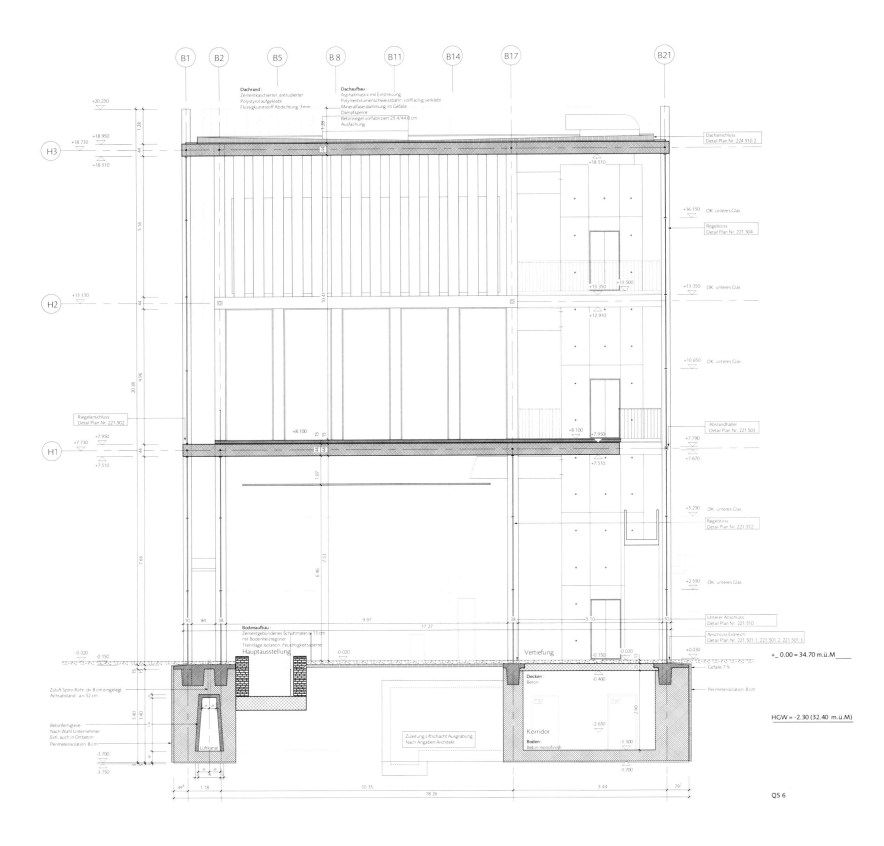

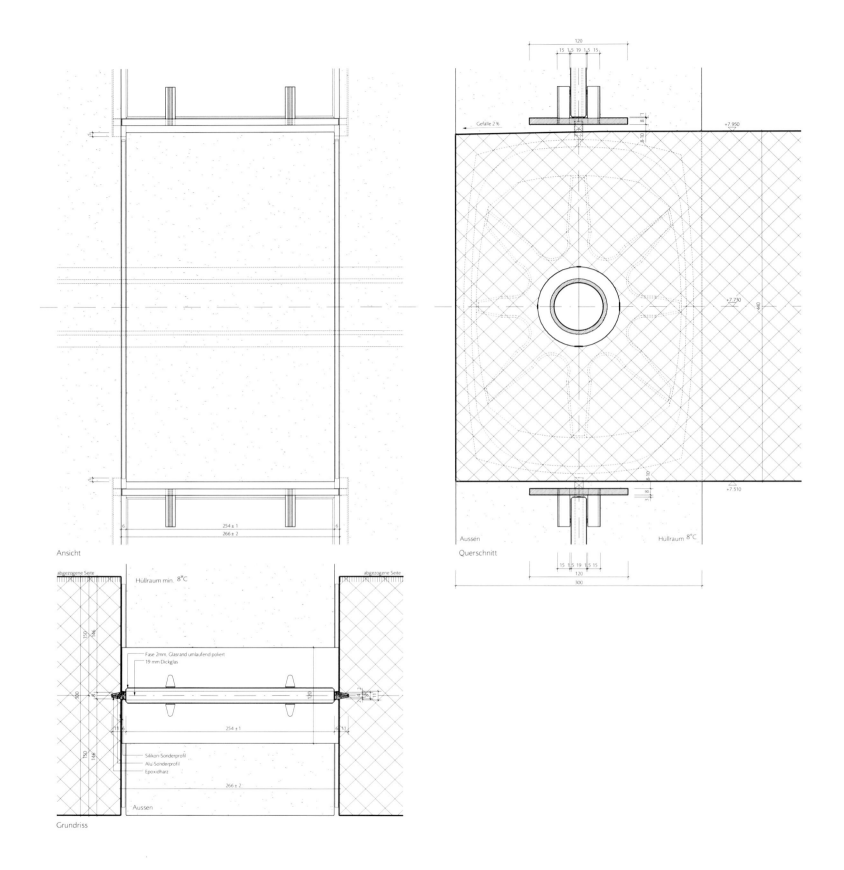

Ansicht

Querschnitt

Grundriss

Herz Jesu Kirche, München, Deutschland
1996

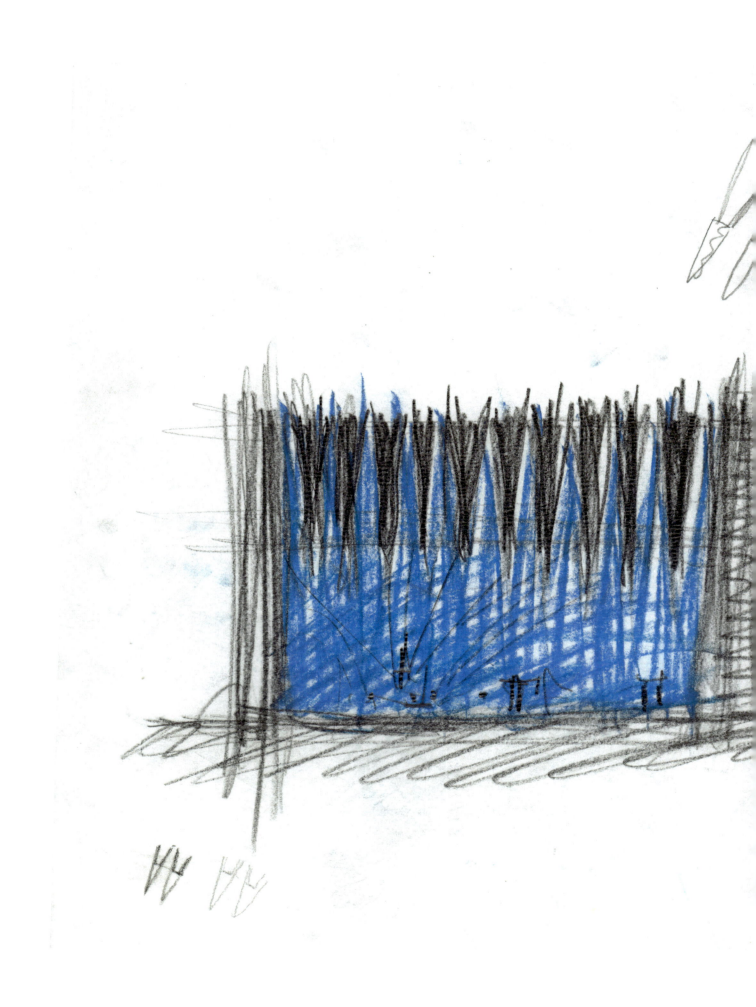

Wir wollten dem neuen Kirchenraum eine intensive Stimmung geben. Wir träumten von einem besonderen Innenraum, von Mauerschalen und Raumschichten umhüllt, von einem blauen Raum, der in Lichtpunkten, in einem Sternenhimmel enden sollte. Hohlformen, wie umgekehrte Stalaktiten aus blauem Licht, sollten die Decke bilden. Die Struktur dieser Decke müsste den Raum nach oben hin unendlich erscheinen lassen, auflösen, erhofften wir uns.

Viele Jahre später hatte ich Gelegenheit, einen Raum dieser Art zu bauen, einen Raum, der sich zum Himmel hin gleichzeitig öffnet und schliesst, oder vielleicht müsste ich sagen, der geprägt ist vom Wunsch, die Spannung zwischen unten und oben, dunkel und hell, Erde und Licht, Geborgensein und Ausgesetztsein in einem vibrierenden Hell-Dunkel zu thematisieren. Als ich an der Bruder Klaus Kapelle in der Eifel arbeitete, habe ich nie an meinen alten Entwurf für die Herz Jesu Kirche in München gedacht. Die Verwandtschaft sehe ich jetzt rückblickend. Beim Entwurf für die Herz Jesu Kirche kam damals die Farbe Blau dazu, wir wollten einen blauen Raum schaffen, ekstatisch flimmernd: Wir dachten an Blau als reine Farbe, als Materie und Substanz, verwandelt in Licht.

Den erträumten blauen Raum der Herz Jesu Kirche habe ich nie gesehen. Ich sah nicht einmal das Modell des Raumes. Es zerbrach schon auf dem Weg vom spanischen Modellbauer zur Jurierung in München.

Zur Bedeutung der Farbe Blau, die mich in der Kapelle von Giotto in Padua beeindruckte oder an den Bildern von Yves Klein, sagte mir damals der spätere Abt Daniel, für dessen Benediktinergemeinschaft ich die Kapelle Sogn Benedetg bauen durfte, Blau stehe im Zusammenhang mit dem Göttlichen und der göttlichen Wahrheit. Blau symbolisiere bei den Kirchenvätern den Wunsch nach der Verbindung mit dem Himmel, und Jesus habe, schrieb er mir, während der drei Jahre seiner Wahrheitsverkündigung ein blaues Gewand getragen. Später erst habe ich mich in die Annunziata von Antonello da Messina verliebt, die diesen wunderbaren blauen Umhang trägt.

Für das Projekt Poetische Landschaft in Bad Salzuflen entwarfen wir ungefähr zur gleichen Zeit einen roten Farbraum, der wiederum Farbe als Licht zum Thema hatte. Auch er blieb Vorstellung und Traum.

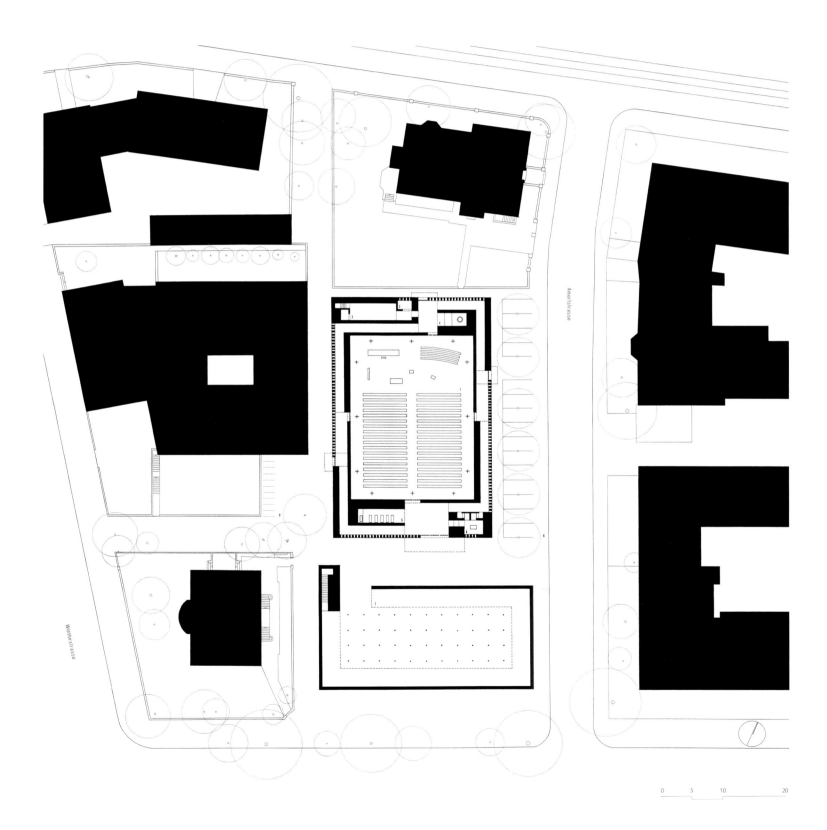

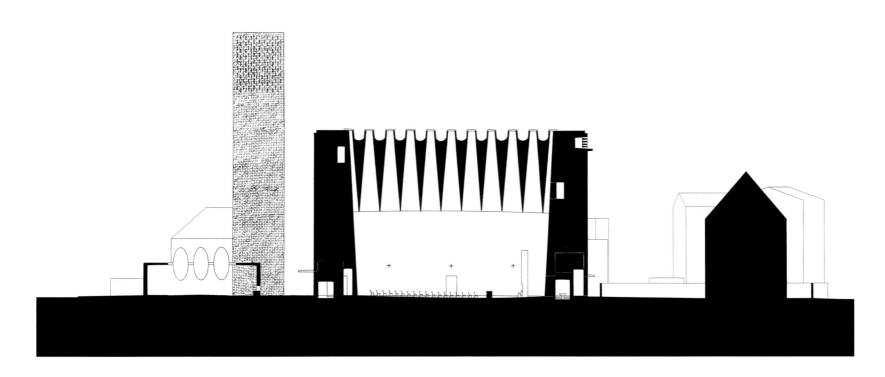
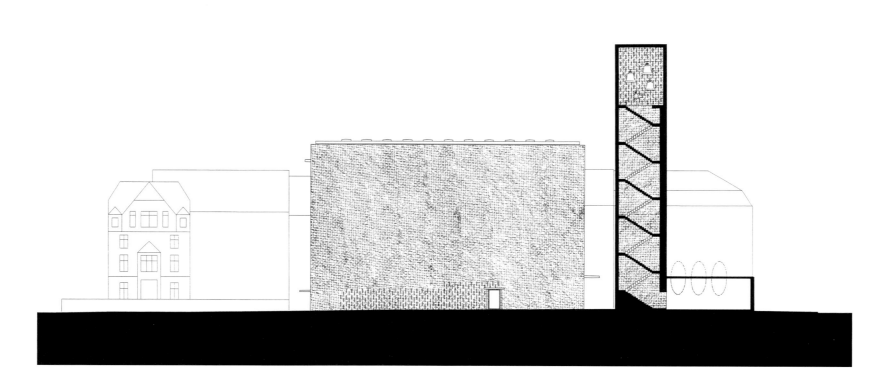

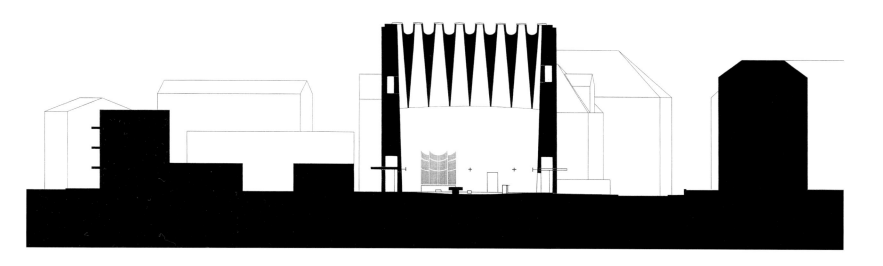

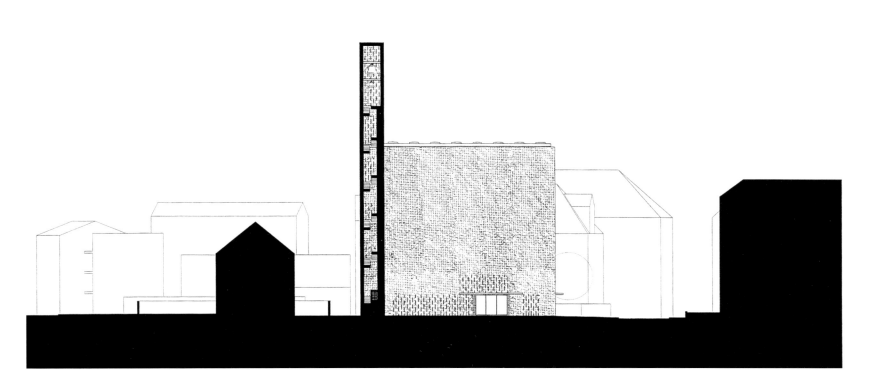

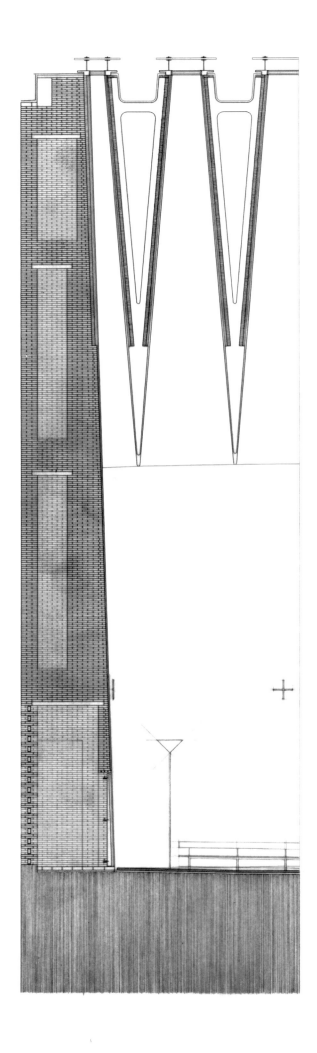

Laban Centre for Movement and Dance, London, England
1997

Grundidee des Entwurfes war, einen Turm zum Tanzen in die Silhouette der Stadt einzuschreiben: übereinandergestapelte Tanzsäle, verschiedene Raumformate, unterschiedliche Aussichten und Situationen der Belichtung, eine Skulptur aus Raumgefässen, Plattformen und Zwischenräumen, umhüllt von einer transparenten Membrane.

Das Leben im Laban Centre for Movement and Dance in London bildet sich in der durchsichtigen und opaken Hülle des Gebäudes ab. Es erscheint von aussen betrachtet als Performance, die sich ständig verändert.

Ich erinnere mich gut an die unprätentiöse, industriell-gewerbliche Atmosphäre des vorgeschlagenen Bauplatzes am Deptford Creek, die uns beeindruckte.

Bei all seiner extravaganten Expressivität hat unser Entwurf, so scheint es mir, die Atmosphäre des Ortes gut aufgenommen. Noch heute stelle ich mir das Arbeiten, das Kommen und Gehen der Tänzerinnen und Tänzer, der Lehrerinnen und Lehrer gerne vor, von dem meine Skizzen des Tanzturmes am Wasser zu schwärmen scheinen.

Klangkörper Schweiz, Schweizer Pavillon,
Expo 2000 Hannover, Deutschland
1997–2000

Ich schreibe diesen Text zum Klangkörper Schweiz, den wir im Sommer 2000 in Hannover zum Klingen brachten, im Jahr 2013, in einer Zeit also, in der viele Firmen, Institutionen, Nationen und auch Menschen sich für die Öffentlichkeit besonders zurechtmachen und sich eine Maske aufsetzen, um so zu erscheinen, wie sie gesehen werden wollen, und nicht so, wie sie sind. Vor diesem Hintergrund wird es für mich immer erstaunlicher, dass wir die Schweiz an der Weltausstellung von Hannover damals mit einem Gesamtkunstwerk repräsentieren durften. Unser Thema war nicht Selbstdarstellung, sondern Gastfreundschaft. Wir boten einen Ort zum Verweilen im Getöse der Ausstellung, wir machten Musik, wir unterhielten drei Bars mit Kleinigkeiten zum Essen und Trinken. Unsere Rechnung ging auf. Der Pavillon war beliebt.

Die Schweizerische Eidgenossenschaft, unsere Auftraggeberin, wollte möglichst viel einheimisches Holz verwenden und nachhaltig bauen. So errichteten wir am Unort des Messegeländes einen grossen Holzstapel. Wir brachten rund dreitausend Kubikmeter frisch geschnittenes Föhren- und Lärchenholz aus der Schweiz nach Hannover und schichteten es zum Trocknen auf, ganz ähnlich, wie man das früher in Holzlagern gemacht hatte, wo die Balken an der Luft getrocknet wurden. Die aufgeschichteten Holzwände zogen wir mit Stahlstangen zusammen und pressten sie auf den Boden, die gehobelten Balken blieben alle unverletzt, denn wir hatten den Plan, sie am Ende der Ausstellung sorgfältig abzubauen und als luftgetrocknetes Bauholz zu verkaufen.

Die natürlichen Eigenschaften des Holzes kamen im Pavillon gut zum Tragen. Wenn es auf dem Ausstellungsgelände heiss war, war es zwischen den Holzwänden angenehm kühl, und als es im Herbst langsam kälter wurde, gab einem die offene Holzstruktur das Gefühl von Wärme.

Das Gefüge der Holzstapel hatte eine labyrinthische Struktur, in der man kleine räumliche Ereignisse entdecken konnte, wie Lichtungen im Wald, wo man sich ausruht und erfrischt. Der Umstand, dass man auch nach mehrmaligem Besuch nie wissen konnte, ob man nun den ganzen Pavillon gesehen hatte, gab der eigentlich nicht sonderlich grossen Struktur eine schöne Dimension. Auf der anderen Seite gab es im unübersichtlichen Raumgefüge nur einen einzigen Standort von etwa drei Quadratmetern Grösse, von dem aus man nicht direkt ins Freie sah; trotz des labyrinthischen Charakters der Stapelstruktur blieb so ein angenehmes Gefühl von Wahlfreiheit und Orientierung erhalten.

Das künstlerische Konzept des Pavillons, in dessen Zentrum eine Musikkomposition stand, aufgeführt von fast fünfhundert Musikern, die sechs Monate lang lief und sich stets veränderte, haben wir mit dem Komponisten Daniel Ott, dem Literaturwissenschaftler Plinio Bachmann, der Dramaturgin Karoline Gruber, der Modedesignerin Ida Gut und dem Gastronomen Max Rigendinger erarbeitet. Es ist im *Klangkörperbuch* (Basel 2000) beschrieben. Der Bauingenieur Jürg Conzett hat mir geholfen, ein Spannsystem zu entwickeln, mit dem wir die Holzbalkenkonstruktion auf den Boden pressten. Die frisch geschnittenen, feuchten Holzbalken konnten austrocknen und an Höhe verlieren, ohne dass die Konstruktion ins Wanken geriet. Im Verlaufe der sechs Monate dauernden Ausstellung mussten wir die Zugstangen mit der dafür vorgesehenen Vorrichtung einmal nachspannen, um den Druck auf die niedriger gewordenen Balkenwände wieder zu erhöhen.

Am Ende der Ausstellung hat die Schweizerische Eidgenossenschaft alle Holzbalken wie vorgesehen verkauft. Sie wurden zu Parkbänken, Fussböden, Wandverkleidungen, Möbeln, Türen, Häusern – und für den «Globus der Wissenschaft und Innovation» des Besucherzentrums des CERN in Meyrin verwendet.

Regel muster = Flankenhof / kreuzhof

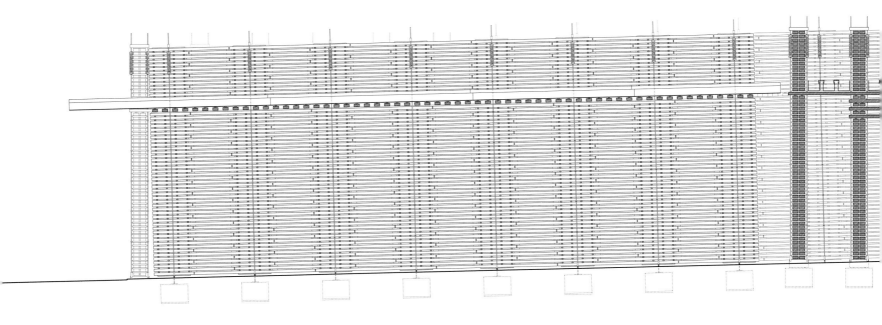

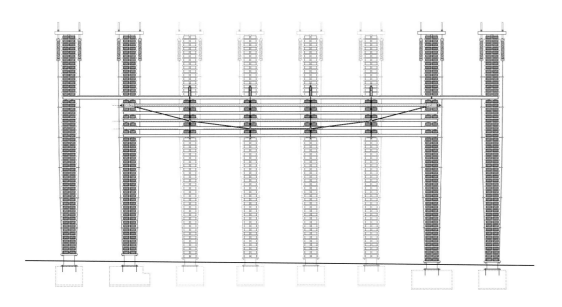

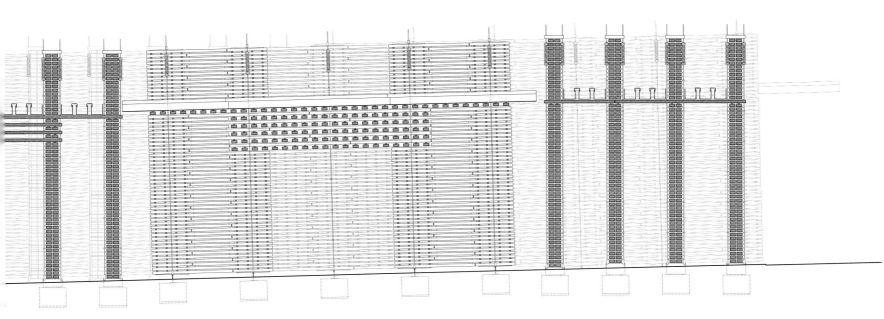

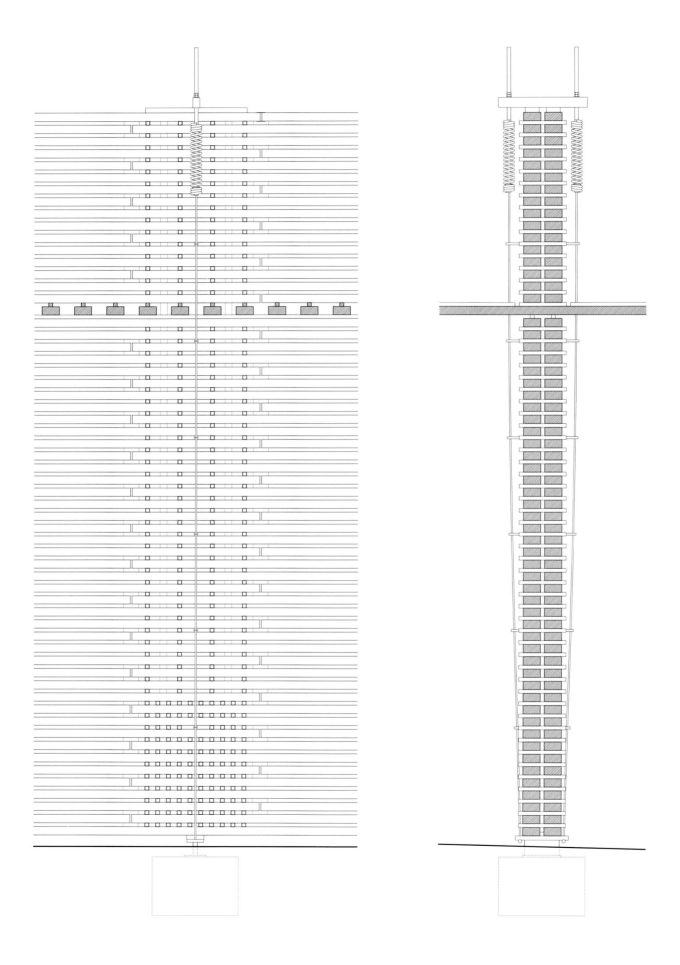

Wohnhaus Luzi, Jenaz, Graubünden
1997–2002

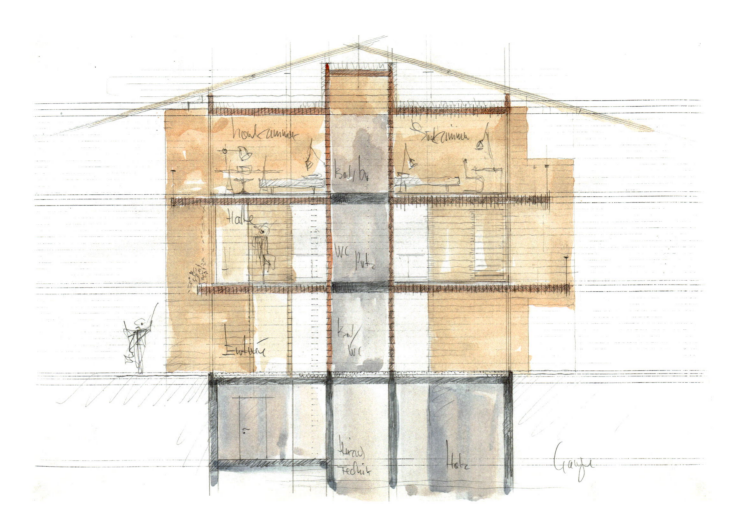

Valentin und Lilian Luzi, die Auftraggeber, wollten in Jenaz ein grosses Haus für sich und ihre sechs Kinder. Grosszügig sollte es sein, hell sollte es sein und aus massivem Holz gebaut, das waren ihre Wünsche.

In einem aus massiven Holzbalken gebauten Haus zu wohnen, hat eine besondere Qualität, die man atmosphärisch und körperlich erlebt. Im Gegensatz zu Stein oder Beton ziehen kalte Holzbalken vom menschlichen Körper keine Wärme ab und fühlen sich deshalb auch in der Kälte eher warm an. Umgekehrt, wenn es warm oder heiss ist, strahlen die Holzbalken keine zuvor gespeicherte Wärme ab, wie das Steine oder Metall tun würden, und wirken deshalb eher kühlend. Um diese Effekte in einem Raum zu erzielen, muss er aus massiven Balken gebaut sein. Wird das Holz auf die Dicke von Brettern reduziert, fallen die klimatischen Vorteile weg. Je mehr mir diese Vorteile einzuleuchten begannen, desto eher war ich willig, nach neuen Lösungen für den massiven Holzbau zu suchen. Das Haus Luzi steht am Anfang einer kleinen Forschungsarbeit zu diesem Thema, die sich später in den Leiser Häusern fortsetzte.

Blockbauten, die aus massiven Balken konstruiert sind, haben das Problem, dass die aufeinandergeschichteten Balken der Wände beim Austrocknen über die Jahre an Höhe verlieren, sodass die Wände, wie man das bei Altbauten häufig sieht, leicht in Schieflage geraten, wenn das Mauerwerk, auf dem die Balkenwände aufliegen, nicht auf einer einzigen Ebene liegt. Auch müssen Treppen, Türen oder Fenster so konstruiert sein, dass sie keinen Schaden nehmen, wenn die Wände des Gebäudes beim Austrocknen an Höhe verlieren. In den ersten Jahren sind das etwa drei Zentimeter pro Stockwerk. Irgendwann, wenn das Holz trocken ist, klingen die Bewegungen ab.

Eine weitere Schwierigkeit, die man bei traditionellen Strickbauten oft beobachten kann, entstand im Laufe der Zeit aus dem Wunsch nach immer grösseren Fenstern. Das konstruktive System eines Blockbaus, hierzulande Strickbau genannt, beruht im Prinzip auf vier baumlangen, aus Balken aufgeschichteten Wänden, die man zu einer rechteckigen Raumeinheit, zu einer steifen «Holzschachtel» zusammenfügt. Schneidet man allzu grosse Öffnungen in die Wandflächen der Schachtel, verlieren die angeschnittenen Balken an Halt: Die Wände beginnen auseinanderzufallen und müssen im Bereich der Einschnitte auf unschöne Weise zusätzlich gehalten werden.

Unsere Antwort auf die Frage nach grossen Fenstern haben wir bei der Arbeit am Haus Luzi gefunden. Sie lautet: kleine «Stricktürme» mit kleinen Wandöffnungen als tragende Hohlpfeiler frei nebeneinander stellen, mit Deckenplatten untereinander verbinden und die Räume zwischen den Türmen gross machen und verglasen.

Der Grundriss des Hauses zelebriert den Blick in die Landschaft mit vier Landschaftsbildern für vier Wohnsituationen auf allen drei Geschossen. Die Tragstruktur des Hauses besteht aus fünf kleinen Holztürmen, in die nur kleine Öffnungen eingeschnitten sind. Die grossen Fenster des Hauses liegen zwischen den Türmen. Hier sind die Wohn- und Schlafräume des Hauses angeordnet. Die fünf kleinen Türme selbst enthalten Nebenräume. Mein Vorschlag, die vier Schlafzimmer im obersten Geschoss über diese Nebenräume mit je einer separaten Treppe direkt aus dem Wohnstock zu erschliessen, gefiel. Die daraus entstehende Individualität und die Nähe der Schlafzimmer zu den Wohnräumen der Familie erzeugen eine schöne Intimität.

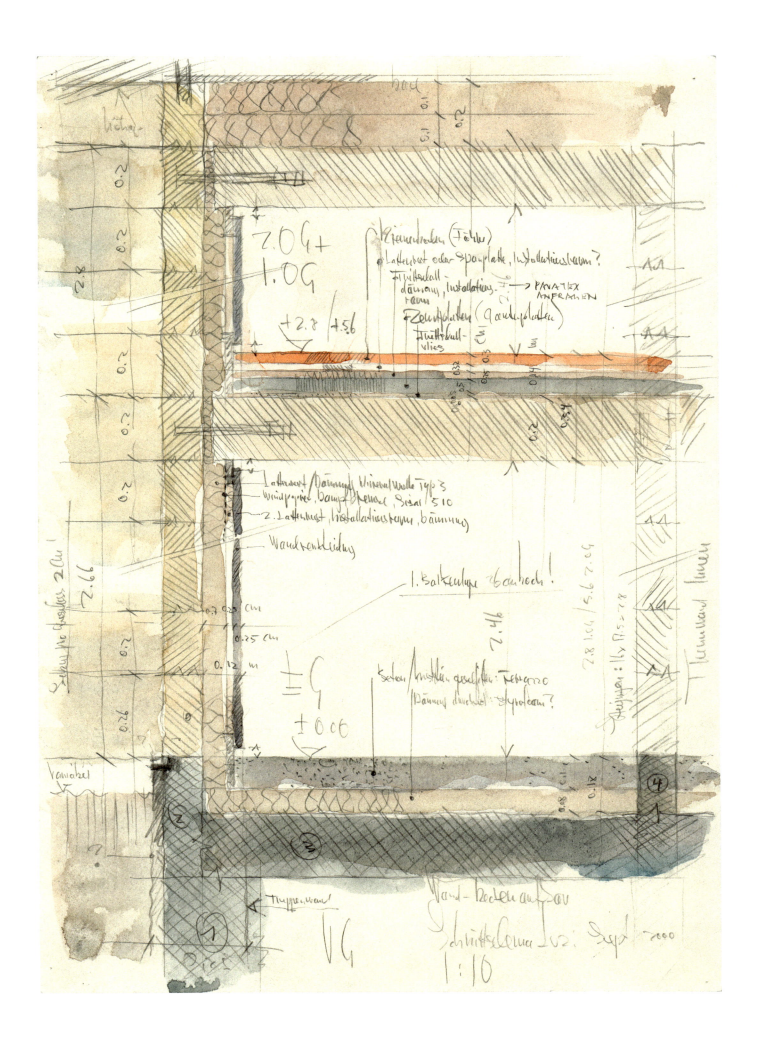

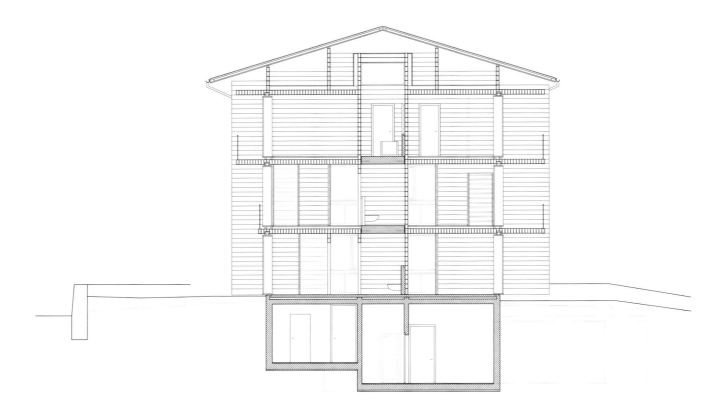

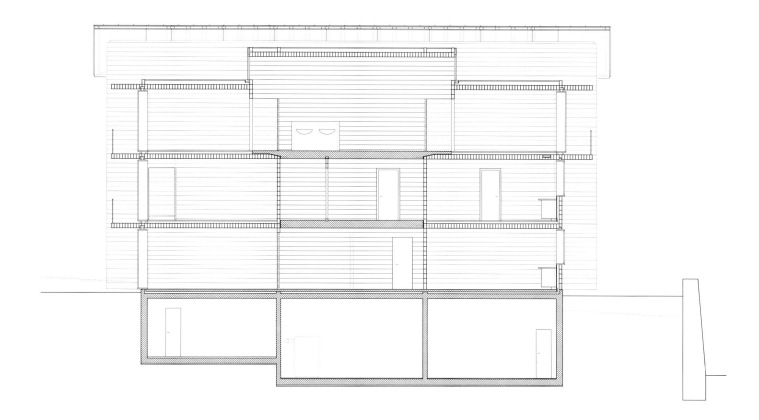

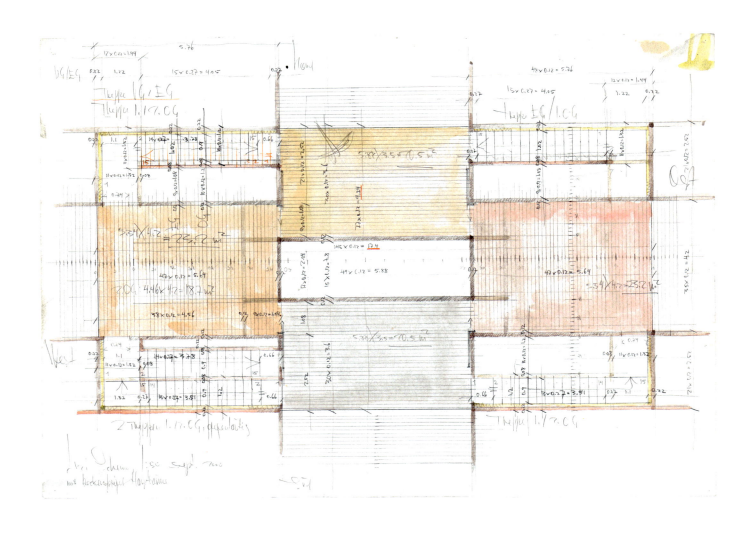

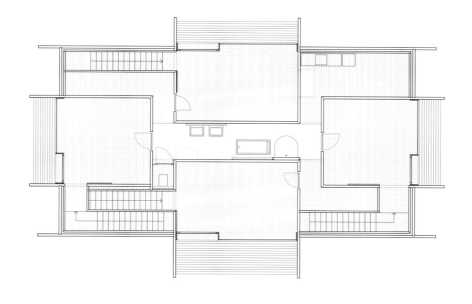
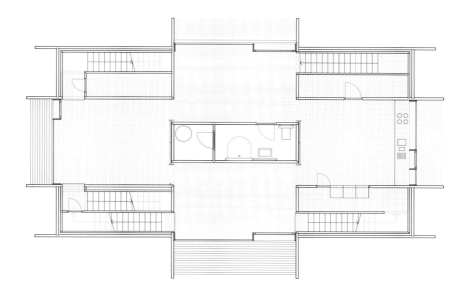
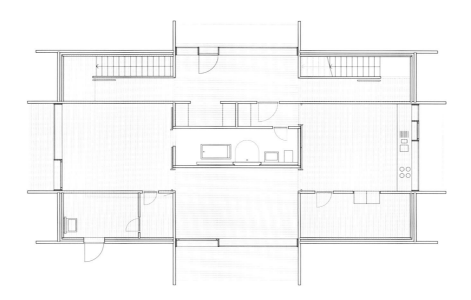

Kolumba Kunstmuseum, Köln, Deutschland
1997–2007

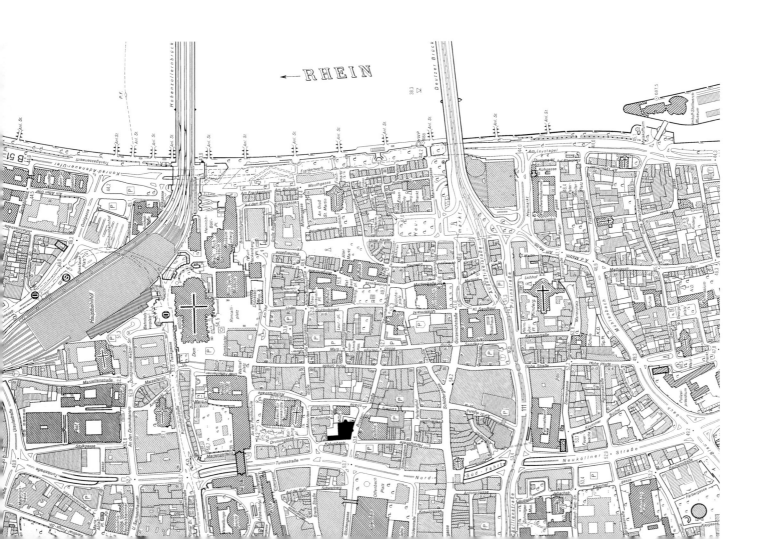

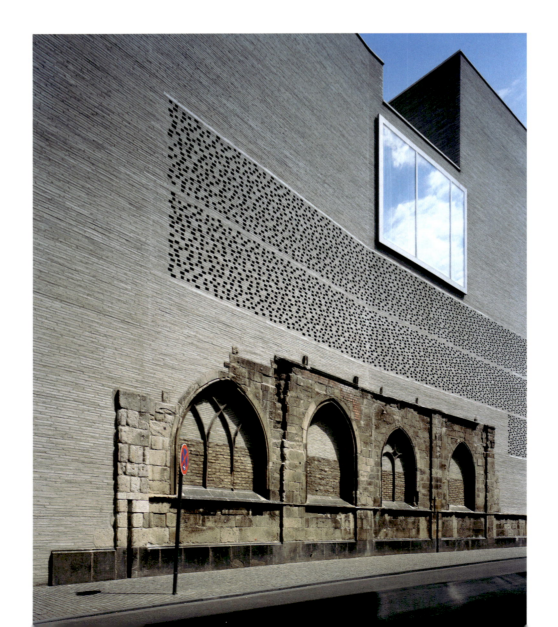

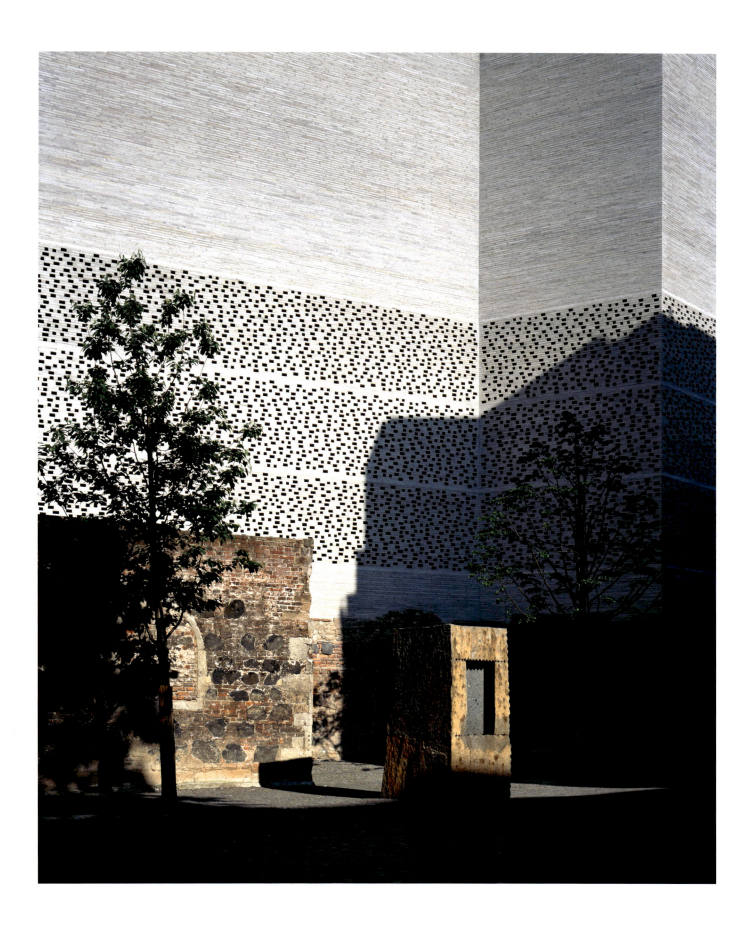

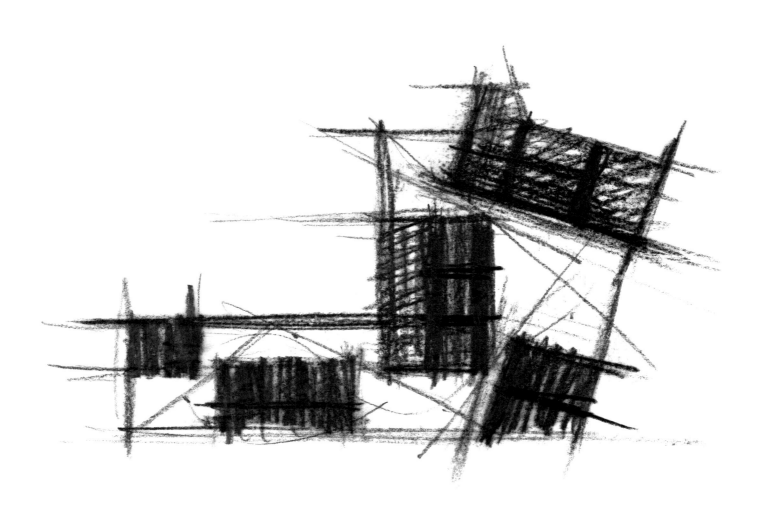

Dass wir den Wettbewerb, der für den Neubau eines Kunstmuseums auf dem Gelände der im Zweiten Weltkrieg ausgebombten Kirche Sankt Kolumba im Zentrum von Köln ausgeschrieben wurde, gewinnen würden, hatten wir nicht erwartet. Denn noch war die architektonische Haltung weit verbreitet, alten Gebäuden möglichst kontrastierende, neue Bauformen entgegenzusetzen. Auf schwere, alte Mauern reagierten Architekten damals in ihren Entwürfen in der Regel mit leichten Konstruktionen aus Stahl und Glas. Aber dem Preisgericht in Köln gefiel unser Ansatz, die baumeisterliche Haltung, Altes und Neues zu einer neuen Ganzheit zusammenzuführen, die Harmonie und nicht den Gegensatz zu suchen.

Unser Entwurf für Köln respektiert den alten Bestand und belässt ihn sichtbar. Wir haben neu gebaut und dabei keinen Stein aus der Bauruine entfernt. Unser Baumaterial war der Backstein; er war auch das Material, das für die ersten Reparaturen nach den Zerstörungen des Krieges verwendet worden war, wir fanden ihn als Ausmauerung in den alten Kirchenfenstern und als provisorische Abdeckung der abgebrochenen Mauerkronen. Wir wussten auch, dass der Backstein eine schöne Tradition in der Gegend hat, zu der die Bauten von Rudolf Schwarz aus der Mitte des vergangenen Jahrhunderts gehören. Dem Ziegelbrenner Christian Petersen aus Dänemark gelang es, für uns einen neuen, schlanken Ziegel herzustellen, mit dem wir gut an das gotische Masswerk und die abgebrochenen Mauerstümpfe anschliessen und auf den alten Mauern weiterbauen konnten. Das Format des Kolumbasteins, so heisst unser Backstein heute, erinnert an römische Ziegel. Mit ihm bauten wir das durchbrochene, zweischalige Filtermauerwerk, durchlässig für Licht und Luft, das den Ausgrabungsraum der verlorenen Kolumbakirche umschliesst und oben zur massiven Museumsschale wird. Bauingenieur Jürg Buchli hat uns geholfen, dieses Mauerwerk ohne Bewegungsfugen zu konstruieren, und hat dafür gesorgt, dass wir einen Teil der neuen Wandlasten auf die alten Mauern auflegen konnten.

Der Baukörper des Neubaus ist aus den Grundmauern der alten Kirche heraus entwickelt. Wir folgten dem spätgotischen Grundriss genau und erweiterten ihn dort, wo es an der Kolumbastrasse eine angrenzende Baulücke zu schliessen galt. So spricht der Baukörper des neuen Museums nicht nur von seinem Inhalt als Haus für die Kunst, sondern reflektiert in einem hohen Mass auch den historischen Bestand.

Kolumba ist eine Zeitmaschine. Das muss Norbert Feldhoff, Joachim Plotzek, Josef Rüenauver und Kardinal Meisner, den damaligen Verantwortlichen des Erzbistums Köln, die den Ort Kolumba als Standort für ihr neues Museum auswählten, bewusst gewesen sein: eine ausgebombte spätgotische Kirche, in deren Innern der Boden entfernt und Schicht für Schicht Kirchenfundamente ausgegraben und freigelegt worden waren, bis man auf römische Mauerzüge stiess; eine Kirchenruine, in der Gottfried Böhm nach dem Krieg eine kleine Kapelle für die «Madonna in den Trümmern» baute, für die Statue, die den Krieg in der ausgebombten Kirche unversehrt überlebt hatte – ein derart geschichtsträchtiger Ort sollte zum Kunstmuseum umgebaut werden. Diese Aufgabenstellung war alles zusammen: einmalig, verlockend und schwierig. Sie hat uns während zehn Jahren beschäftigt. Da war die Freude an den gemeinsamen Ideen des Anfangs und Aufbruchs, da waren die Mühen des Konstruierens und Bauens und da war die Freude des Gelingens, die alles Vorangegangene überstrahlt.

Die Arbeit an Kolumba war familiär und intim. Uns stand beim Nachdenken, Entwerfen und Bauen als Auftraggeber keine Institution gegenüber, die Resultate sehen und beurteilen wollte, sondern eine Gruppe von Gleichgesinnten, die am Prozess, aus dem das Gebäude hervorgegangen ist, teilnahm und ihn mit ihrem Wissen und Wollen beeinflusste. Ich liebe diese Form der Zusammenarbeit, die mir manchmal fehlt, wenn meine Auftraggeber nur am Resultat interessiert sind und nicht am Prozess der Formfindung teilnehmen wollen. Wie nirgends sonst haben wir für das Kolumba Kunstmuseum einen räumlichen Organismus aus dem historischen Bestand heraus entwickeln können. Die Vorgabe der Kuratoren war lediglich der Wunsch, ein schönes Angebot von Ausstellungsräumen mit unterschiedlichen Formaten, Grössen und Lichtqualitäten zu erhalten, in dem die Werke der Sammlung mit der Zeit wie von selbst ein Zuhause finden können.

So ist ein Museumsrundgang entstanden, der an der Kolumbastrasse beginnt, mit einem kurzen Schwung in die Masse des neuen Bauvolumens einbiegt und nach einer ersten Drehung den Blick freigibt auf den neuen Hofraum, den Kiesplatz, die Christusdornbäume, die Sitzbank mit der Liegenden von Hans Josephsohn, dann weiter in die Baumasse eindringt und mit grösser werdenden Bewegungskurven aufsteigt, bis auf die Höhe des Hauptgeschosses.

Dort findet der Rundgang im zentralen Raum über der alten Kirche, umgeben von drei Raumpaaren, die im Norden, Osten und Süden in turmhohen Räumen enden, seinen Abschluss.

Der Museumsrundgang ist auch ein Weg aus dem historischen Bestand zu ebener Erde nach oben zum Licht und zur Aussicht. Nach und nach tauchen Fenster auf, das Licht des Tages lässt den Lehmputz der Wände warm aufstrahlen, man schaut hinaus in die Stadt, so wie die Muttergottes mit Kind aus dem 17. Jahrhundert am Ende der ersten langen Treppe dies tut und dabei leise lächelt.

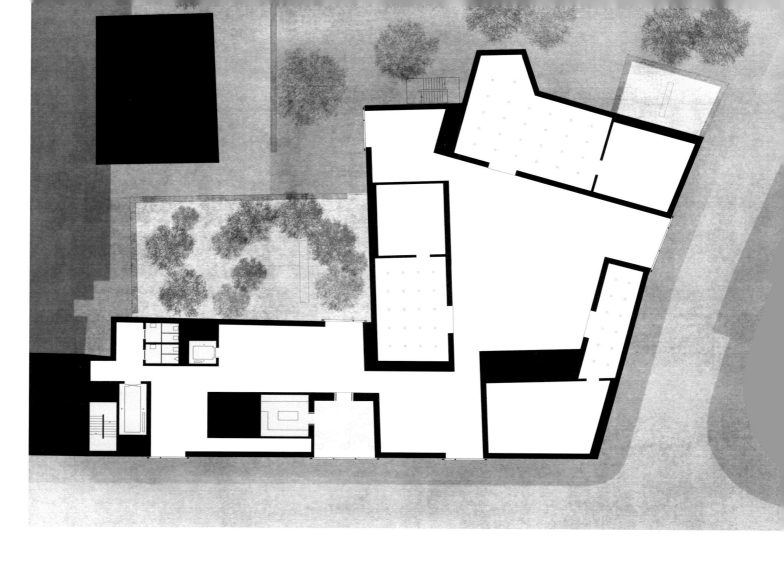
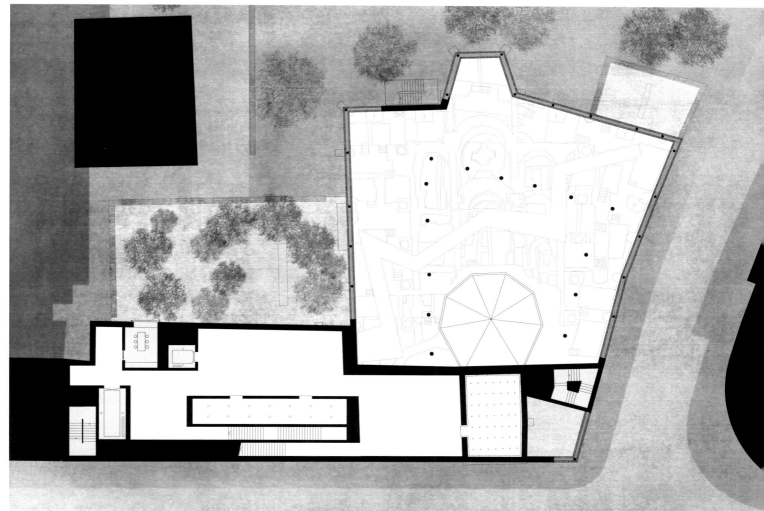

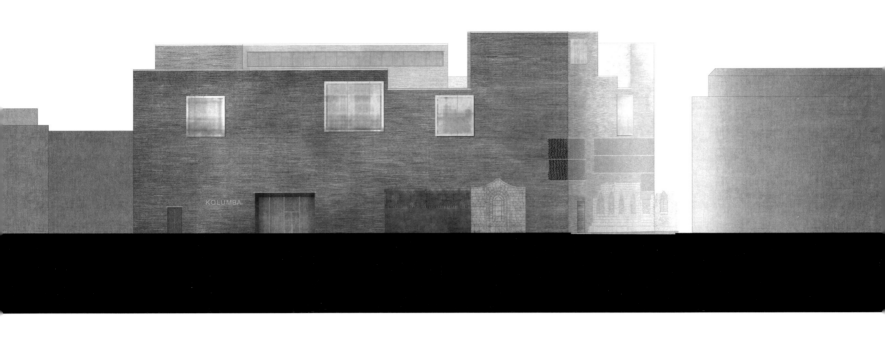
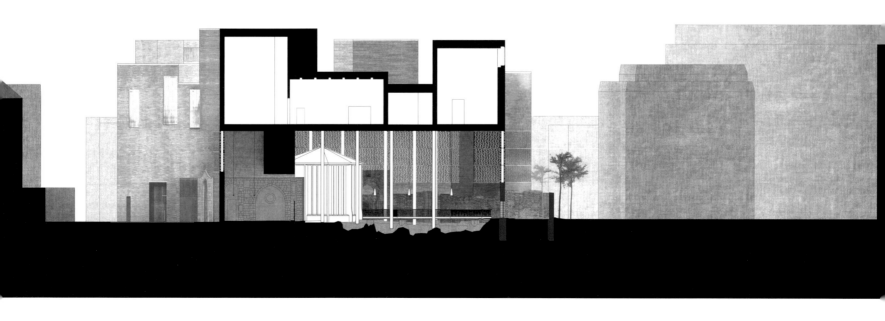

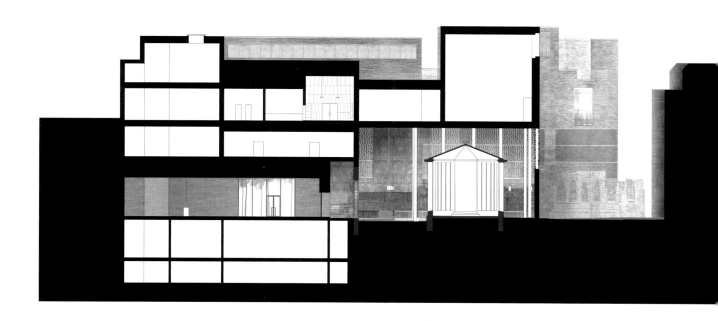

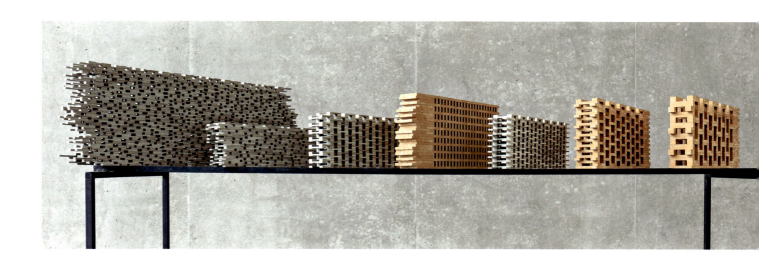

Konzeption: Peter Zumthor, Thomas Durisch, Beat Keusch
Gestaltung: Beat Keusch Visuelle Kommunikation, Basel – Beat Keusch, Angelina Köpplin
Künstlerische Beratung: Arpaïs Du Bois
Lektorat: Jürg Düblin
Lithografie: Georg Sidler, Samuel Trutmann
Druck und Bindung: DZA Druckerei zu Altenburg GmbH, Thüringen

Bildnachweis siehe Anhang Band 5

Dieses Buch ist Band 2 des fünfbändigen Werks
Peter Zumthor 1985–2013 und nicht einzeln erhältlich.

© 2014 Verlag Scheidegger & Spiess AG, Zürich

Neuausgabe 2024: ISBN 978-3-03942-247-0

Englische Ausgabe: ISBN 978-3-03942-248-7

Verlag Scheidegger & Spiess AG
Niederdorfstrasse 54
8001 Zürich
Schweiz

Der Verlag Scheidegger & Spiess wird vom Bundesamt für Kultur mit einem Strukturbeitrag für die Jahre 2021–2024 unterstützt.

Alle Rechte vorbehalten; kein Teil dieses Werks darf in irgendeiner Form ohne vorherige schriftliche Genehmigung des Verlags reproduziert oder unter Verwendung elektronischer Systeme verarbeitet, vervielfältigt oder verbreitet werden.

www.scheidegger-spiess.ch